MARCO POLO

# COSTA BRAVA

## BARCELONA

MARCO POLO KOAUTORIN
**Julia Macher**

Julia Macher lebt seit 2004 als freie Korrespondentin in Barcelona und bereist von dort aus regelmäßig – und sehr gern – die Costa Brava. Nach Jahrzehnten des Massentourismus hat sich die Region erfolgreich gewandelt und ist immer für eine Überraschung gut. Spannende Neuentdeckungen macht die Autorin an der „wilden Küste", aber auch im grünen, hügeligen Hinterland.

# REIN INS ERLEBEN

Mit dem digitalen Service von MARCO POLO sind Sie noch unbeschwerter unterwegs: Auf den Erlebnistouren zielsicher von A nach B navigieren oder aktuelle Infos abrufen – das und mehr ist nur noch einen Fingertipp entfernt.

# Hier geht's lang zu den digitalen Extras:

http://go.marcopolo.de/cbr

## Touren-App

Ganz einfach orientieren und jederzeit wissen, wo genau Sie gerade sind: Die praktische App zu den Erlebnistouren sorgt dank Offline-Karte und Navigation dafür, dass Sie immer auf dem richtigen Weg sind. Außerdem zeigen Nummern alle empfohlenen Aktivitäten, Genuss-, Kultur- und Shoppingtipps entlang der Tour an.

HTTP://GO.MARCOPOLO.DE/CBR

## Update-Service

Immer auf dem neuesten Stand in Ihrer Destination sein: Der Online-Update-Service bietet Ihnen nicht nur aktuelle Tipps und Termine, sondern auch Änderungen von Öffnungszeiten, Preisen oder anderen Angaben zu den Reiseführerinhalten. Einfach als PDF ausdrucken oder für Smartphone, Tablet oder E-Reader herunterladen.

**SYMBOLE**

INSIDER TIPP Insider-Tipp
★ Highlight
●●●● Best of ...
Schöne Aussicht
Grün & fair: für ökologische oder faire Aspekte
(*) kostenpflichtige Telefonnummer

**PREISKATEGORIEN HOTELS**

€€€ über 120 Euro
€€ 80–120 Euro
€ bis 80 Euro

Die Preise gelten für ein Doppelzimmer mit Frühstück

**PREISKATEGORIEN RESTAURANTS**

€€€ über 30 Euro
€€ 20–30 Euro
€ bis 20 Euro

Die Preise gelten für ein dreigängiges Menü inklusive Wasser oder Wein

**GUT ZU WISSEN**


Geschichtstabelle → S. 14
Spezialitäten → S. 28
Delikatesse mit Stacheln → S. 64
Bücher & Filme → S. 68
Großes Kino → S. 80
Feiertage → S. 109
Katalanisch → S. 114
Was kostet wie viel? → S. 115
Wetter → S. 116


**KARTEN IM BAND**

(124 A1) Seitenzahlen und Koordinaten verweisen auf den Reiseatlas.
(0) Ort/Adresse liegt außerhalb des Kartenausschnitts.
Es sind auch die Objekte mit Koordinaten versehen, die nicht im Reiseatlas stehen.
(U A1) Koordinaten für die Karte von Barcelona im hinteren Umschlag
Girona, Figueres auf S. 130
Tossa, Sant Feliu auf S. 131

(🗺 A–B 2–3) verweist auf die herausnehmbare Faltkarte
(🗺 a–b 2–3) verweist auf die Zusatzkarte auf der Faltkarte

**UMSCHLAG VORN:**
Die wichtigsten Highlights

**UMSCHLAG HINTEN:**
Karte Barcelona

**INSIDER TIPP Unter duftender Glyzinie …**

… speist im *Rostei* in Begur, wer einen der 20 Sitzplätze draußen ergattert. Drinnen sitzen Sie gemütlich unter einem Gewölbe → S. 52

**INSIDER TIPP Musik im Botanischen Garten**

Im mediterranen Landschaftsgarten *Jardins de Cap Roig* treten jedes Jahr vor traumhafter Kulisse internationale Pop- und Rockstars beim *Festival de Cap Roig* auf → S. 60

**INSIDER TIPP Unter Müßiggängern**

Im *Casino de Cadaqués*, dem Treff des Orts, läuft das Leben schon ab 5 Uhr morgens bei einem Gläschen an, denn ein Kaffee mit Brandy ist hier das Frühstück der Stammkundschaft → S. 35

**INSIDER TIPP Geteilt schmeckt's besser!**

Die köstlichen Kleinigkeiten im Restaurant *Compartir* in Cadaqués werden von allen Tischnachbarn gemeinsam verzehrt → S. 34

**INSIDER TIPP Mit den Augen eines Adlers**

Bei einer *Rundwanderung* hoch über der Küste bieten sich phantastische Aussichten aufs Meer, die tief unten liegenden Badebuchten und auf die Kulisse des mittelalterlichen Städtchens Begur → S. 52

**INSIDER TIPP Palastbesuch**

Die ganze Pracht des katalanischen Jugendstils können Sie bei einer *Führung* durch den *Palau de la Música Catalana* in Barcelona genießen (Foto o.) → S. 85

**INSIDER TIPP Dörfliche Stille**

In *Cruïlles* erwarten Sie neben schön restaurierten Gebäuden unverfälschtes Dorfleben, eine Kirche, ein Kloster und eine Burgruine aus dem 11. Jh. Und rundherum eine stille, schöne Landschaft → S. 56

**INSIDER TIPP Essen wie bei Fischern**

Dick und kräftig ist der Fischeintopf *suquet*, mit Bohnen und Kartoffeln – so lieben ihn die Fischer → S. 26

**INSIDER TIPP Piraten ahoi!**
L'Estartit wird jedes Jahr Ende September von Piraten erobert: beim großen Piratenfestival *Fira de Pirates i Corsaris a les Illes Medes* mit Umzügen und Kanonendonner → S. 109

**INSIDER TIPP Gediegenes Picknick auf dem Weingut**
Mit Schinken, Wurst, Käse und natürlich dem Wein des Hauses Terra Remota bleibt kein kulinarischer Wunsch offen. Vorher steht eine Besichtigung der modernen Weinkellerei *Terra Remota Bodega* rund 13 km südlich von Figueres auf dem Programm → S. 40

**INSIDER TIPP Kleine Fische, große Fische**
Im *Museu de la Pesca* in Palamós erfahren Sie alles zum Thema Fischerei: über lokale Fischarten, die Geschichte und Entwicklung der Fangmethoden, das Leben der Fischer gestern und heute und vieles mehr → S. 57

**INSIDER TIPP Schlafen wie ein König**
Im Turmzimmer des Luxushotels *Castell d'Empordà* bei Bisbal schlummern Gäste in historisch möblierter Ausstattung und der entspannenden Stille der ländlichen Umgebung → S. 55

**INSIDER TIPP Kristallklares Wasser**
Ein Bad an der *Platja D'Aiguablava* ist ein Erlebnis, besonders am frühen Morgen, wenn der Strandbetrieb noch nicht richtig eingesetzt hat (Foto u.) → S. 53

**INSIDER TIPP Drei-Sterne-Eis**
Mit der Eisdiele *Rocambolesc Gelateria* in Girona hat sich Spitzenkoch Joan Roca einen Kindheitstraum verwirklicht. Unbedingt ein Eis schlecken! → S. 74

**INSIDER TIPP Antike Nachbarn im Designhotel**
Direkt neben den Ruinen von Empúries residieren Sie im *Hostal Spa Empúries* – mit Traumblick auf eine hübsche kleine Bucht → S. 41

# BEST OF ...

## TOLLE ORTE ZUM NULLTARIF

Neues entdecken und den Geldbeutel schonen

SPAREN

### Action für die Kleinen

Tolle Mitmachaktionen, Spiele und Animationen: Im Sommer öffnet der *Miniclub Infantil* zwei Spielzenten für Kinder von 3 bis 12 Jahren am Stadtstrand von Lloret de Mar und Blanes. Die Eltern können derweil entspannt in internationalen Zeitungen blättern → S. 106

### Messen in prächtigen Kirchen

Kostenlos in Kirchen kommen Sie, wenn Sie an den Gottesdiensten teilnehmen. So etwa sonntags (10–14 Uhr) in der *Kathedrale* von Girona, die sonst Eintritt verlangt → S. 73

### Freie Fahrt

Auf spanischen Autobahnen wird Maut erhoben, die *peaje*. Freie Fahrt haben Sie auf der *autovia* – diese parallel zur Autopista verlaufende Strecke, z. B. die NII parallel zur AP-7, etwa zwischen Girona und Caldes de Malavella, ist keineswegs schlechter → S. 76

### Spaziergang zu den Puppen

In Castell d'Aro werden geführte sommerliche Spaziergänge durch den historischen Ortskern mit anschließendem Besuch des dortigen *Museu de la Nina* angeboten, zum Nulltarif für alle, die im Ort nächtigen oder dort zu Mittag oder Abend essen → S. 63

### Auf dem Weg nach Süden ...

... machen Tausende von Zugvögeln Rast in den Feuchtgebieten von *L'Empordà*. Im großen Naturpark gibt es Beobachtungsstände, von denen aus Hobby-Ornithologen Störchen, Enten, Gänsen und anderen Vogelarten sehr nahe kommen, so nah, wie sonst nur in Tierparks (Foto) → S. 49

### Immer wieder sonntags

Kulturfans, die auch vor langen Schlangen nicht zurückschrecken, legen ihren Barcelona-Besuch auf den ersten Sonntag im Monat. Dann ist der Eintritt in das *Museu Picasso*, das *Museu Nacional d'Art de Catalunya* und das *CosmoCaixa Barcelona* frei → S. 87

# TYPISCH COSTA BRAVA

## Das erleben Sie nur hier

### *Sonne, Strand und Meer*

Nur 55 Regentage gibt es – statistisch – an der Costa Brava. Sonnenscheingarantie und drei Dutzend mit der Blauen Flagge für Sauberkeit ausgezeichnete *Strände* wie der in *Platja d'Aro* machen die Costa Brava zur Badeküste ersten Ranges → S. 62

### *Die Riesen sind unter uns*

Auf fast jedem Dorffest schreiten *gegants*, aus Pappmaché geformte Riesenfiguren, durch die Menge, ganz zur Freude – nicht nur – von Kindern → S. 22

### *Vom Meer in den Mund*

Früher waren *Seeigel* ein Arme-Leute-Essen, heute gelten sie als Delikatesse. Kenner stippen ins Fleisch der frisch geknackten stacheligen Meeresfrüchte ein Stückchen Brot → S. 64

### *Hinter dem Strand: das Mittelalter*

Katalonien ist das Land der Gegensätze: neu gegen alt, leise gegen laut. Einige Kilometer im Landesinneren treffen Sie auf Orte, wo die Zeit stehen geblieben zu sein scheint. Enge Gassen, Häuser aus Naturstein, geschnitzte Portale, idyllische Plätze. Ein Beispiel: *Pals* (Foto) → S. 54

### *Gepflegter Boheme-Charme*

Entspannt, weltoffen – und dabei ganz authentisch: In *Cadaqués* und *Calella de Palafrugell* lässt sich nachspüren, was Dalí, Picasso und Co. an der Costa Brava faszinierte → S. 32, 59

### *Calas: Buchten*

Die Buchten – *calas* –, die die Costa Brava zur wilden Küste machen, liegen oft abgelegen, versteckt zwischen Felsen und umgeben von duftenden Pinienhainen. Glasklares, erfrischendes Wasser finden Sie etwa bei *Llançà* oder *Sant Feliu de Guíxols* → S. 44, 65

### *Vergnügungszentrum*

*Lloret de Mar* hat das Costa-Brava-Image vom Billigurlaub geprägt. Für die einen, meist jüngere Menschen, ist der ehemalige Fischerort ein Amüsierparadies mit Diskos und Partys ohne Ende. Andere finden hier alle Voraussetzungen für einen gelungenen Familienurlaub → S. 76

TYPISCH

# BEST OF ...

## SCHÖN, AUCH WENN ES REGNET

Aktivitäten, die Laune machen

REGEN

### Stadtbummel im Trockenen

Streifen Sie durch Barcino, die römischen Ruinen Barcelonas, im *MUHBA Museu d'Història de Barcelona*. Das Stadtmuseum führt eindrucksvoll durch 2000 Jahre Geschichte → S. 84

### Unter Klosterschwestern

Das *Monestir de Sant Daniel*, mit einer Kirche aus dem 11. Jh. und der Grabstätte des Namensgebers San Daniel, wartet mit einem schönen, doppelstöckigen romanischen Kreuzgang auf und bietet Raum zur stillen Einkehr → S. 76

### Kreative Töpfereien

Das *Terracotta Museu* in Bisbal zeigt, wie Ton zu kreativer Töpferware wird. Sobald die Sonne wieder scheint, können Sie die Endprodukte in den Läden an der Hauptstraße *Carrer Aigüeta* in Augenschein nehmen → S. 54, 55

### Umsteigen ...

... mussten Zugreisende an der Grenze zwischen Spanien und Frankreich in Portbou, weil die Züge auf unterschiedlichen Spurbreiten fuhren – heute ist diese Prozedur längst Vergangenheit. Der von Gustave Eiffel erbaute *Bahnhof* mit seiner mächtigen Eisenkonstruktion ist aber immer noch eine Besichtigung wert → S. 45

### Haie und kleine Fische

Tauchen Sie ab – im *Aquarium* in Barcelona. Spektakulär ist das Oceanarium, ein riesiges Becken mit zahlreichen Tierarten, das Sie auch von einem Unterwassertunnel aus sehen (Foto) → S. 107

### Für die Flasche

Als Flaschenverschluss wird der Kork mehr und mehr von Kunststoff- oder Schraubverschluss verdrängt. Im *Museu del Suro* in Palafrugell spielt das Naturprodukt die Hauptrolle → S. 60

# ENTSPANNT ZURÜCKLEHNEN

## Durchatmen, genießen und verwöhnen lassen

ENTSPANNT

### Warmwasser-Entspannung

Schon zu Zeiten der Römer suchten die Menschen in den Thermen von *Caldes de Malavella* Entspannung und Heilung. Heute werden Gäste in zwei traditionsreichen Hotels mit verschiedenen Bäderprogrammen, Massagen und Beautybehandlungen revitalisiert, verwöhnt und verschönt → S. 76

### Schiff ahoi

Gehen Sie in Palamós an Bord der 12-Meter-Segelyacht *Rafael* für einen Tag auf See: Stopps in Buchten, Schwimmen, Sonne und Seebrise sorgen für Erholung → S. 58

### Romantik im Park

Efeuumrankte Treppen, zypressenbestandene Wege und lauschige Plätze: In der bezaubernden Gartenanlage *Jardines de Santa Clotilde* lustwandeln Sie auf schattigen Pfaden durch die Ideenwelt der Romantik. Hier ist der Trubel des nahen Lloret de Mar nur ein fernes Rauschen → S. 79

### Sundowner im Pinienwäldchen

Steigen Sie der Stadt aufs Dach, und genießen Sie den Blick von Barcelonas Hausberg auf den Hafen. Im Biergarten *La Caseta del Migdia* auf dem Montjüic sitzen Sie zu sanften Elektroklängen entspannt unter Pinien → S. 87

### Ausruhen im Casino

Ein wunderbarer Ort, um zur Ruhe zu kommen: Im hellen und kühlen Saal des *Casino La Constància* können Sie lesen, Kaffee trinken, der Hitze des Tages entfliehen oder einfach nur den Schach- und Kartenspielern beim Gewinnen und Verlieren zuschauen → S. 64

### Erfrischendes Abtauchen

*Aiguafreda* heißt die wunderschöne kleine Bucht bei Begur mit glasklarem Wasser und duftenden Pinien – ein idealer Ort, um in die kühlen Fluten zu springen (Foto) → S. 53

# AUFTAKT

# ENTDECKEN SIE DIE COSTA BRAVA!

Von Wind und Wetter ***zerklüftete Felsen, Buchten***, die sich ins Land nagen: Unschwer zu erraten, woher die Costa Brava ihren Namen hat. *Brava*, „wild", nennen die Fischer das stürmische Meer, *brava* sind auch die schroffen Gesteinsformationen, die es begrenzen. Als Namensgeber der etwa 200 km langen Küste zwischen Portbou im Norden an der Grenze zu Frankreich und dem Städtchen Blanes im Süden gilt der Journalist Ferran Agulló. Er verwendete den Begriff zu Beginn des 20. Jhs. in seinen Zeitungskolumnen.

Als wild gilt manchen auch das ***Partyleben*** in den Touristenhochburgen um Lloret de Mar. Doch trotz des Massentourismus hat sich die Costa Brava viel von ihrem ***ursprünglichen Charme*** bewahrt: in hübschen Fischerorten wie Cadaqués und Palamós, in charmanten Seebädern wie Sant Feliu de Guíxols und Tossa de Mar und in lebhaften Kulturzentren wie Girona und Figueres. Und in den kleinen Städten im Hinterland mit ihrem authentisch-katalanischem Flair scheint die Zeit ohnehin stehen geblieben zu sein. Land des Meers und der Berge – dazwischen liegen nicht mehr als 50 km Fläche. Neben einigen größeren Ebenen, etwa den Flussmarschen östlich von Figueres oder bei La Bisbal, wellt sich das Land überwiegend ***in sanften Hügeln***. Früher dehn-

Bild: Felsküste bei Sant Feliu de Guíxols

Hübscher Ort mit mittelalterlicher Altstadt in fruchtbarer Landschaft: Pals

ten sich große Pinien- und Eichenwälder aus, exzessiver Schiffbau im Mittelalter hat viel davon vernichtet. Doch ***von Pinien eingerahmte Meeresbuchten*** sind nach wie vor ein Markenzeichen dieses Teils der Mittelmeerküste.

## Fischfang, Korkeichen und Landwirtschaft

Die ***Garnelen von Palamós*** und die Sardinen der Nordküste haben die Costa Brava in Spanien populär gemacht. Sie ist jedoch nicht nur berühmt für den Fischfang. Im Hinterland der Küste blüht eine vielfältige Landwirtschaft. Die Dörfer sind gepflegt, die Felder gut bestellt. Hier werden ***Olivenhaine, Wein- und Getreidefelder***, Äcker mit Artischocken, Tomaten und Auberginen, außerdem Eichen- und Korkeichenwälder angepflanzt. Die Korkeichen bildeten für Jahrhunderte die Basis für einen bedeutenden Industriezweig; im Wett-

**2. Jh. v. Chr.**
Römische Legionen besetzen die Küste Kataloniens und prägen mehr als 200 Jahre die Kultur des Landes

**712**
Aus Nordafrika dringen die Mauren vor

**Um 800**
Karl der Große befreit Teile Kataloniens von den Mauren

**9. Jh.**
Bildung von Grafschaften unter der Führung von Barcelona

**Um 1740**
Wirtschaftliche Erstarkung durch Aufbau einer Textilindustrie, Barcelona wird Wirtschaftsmetropole

bewerb mit synthetischen Produkten hat Naturkork heute jedoch an Bedeutung verloren. Je weiter Sie landeinwärts fahren, desto rauer wird es. Bald rücken die Gipfel der Pyrenäen und ihrer Ausläufer nahe, statt Traktoren kreuzen Schafherden den Weg.

Das Land ist ***wasserreich***, nicht nur an der Küste. Einige Bäche und Flüsse kommen von den Bergen herab und münden ins Meer. Die beiden wichtigsten, der Riu Ter und der Riu Fluvià, haben das Land

**Das fruchtbare Land liefert die Basis für Töpferwaren**

fruchtbar gemacht, die lehm- und tonreiche Erde lieferte die Grundlage für die Töpfereien im Baix Empordà. Das Baix Empordà ist eine von vier *comarcas* an der Costa Brava, die den deutschen Landkreisen entsprechen. Die anderen sind das Alt Empordà im Norden, Girona im Innern und La Selva im Süden.

An der Costa Brava herrscht ein ausgeglichenes Klima. Die Sommer sind warm, die Winter mild, und es regnet wenig. Einen Schatten auf diese klimatische Idylle wirft die ***Tramuntana***. Dieser stürmische Wind fegt von den Pyrenäen herab, rüttelt an den Fischerbooten und zerrt an den Nerven der Menschen. Das Meer hat sich hineingefressen ins Land. Geblieben sind unzählige Felsbuchten, zum Teil derart geschützt, dass ***natürliche Häfen*** entstanden sind. Diese Küstenformation fanden die ersten Siedler ideal. Man hatte Zugang zum Meer und zu seinen Fischgründen, konnte Werften und Schiffe bauen. Die Handelswege hinaus aufs Meer standen offen, vor Piratenangriffen konnte man sich ins hügelige Hinterland zurückziehen.

**1888** Die Weltausstellung in Barcelona beflügelt Wirtschaft und Kultur

**1914** Erste Regionalregierung mit begrenzter Selbstbestimmung

**1931** Francesc Macià ruft die katalanische Republik aus. Katalanisch *(català)* wird Amtssprache

**1936** Beginn des spanischen Bürgerkriegs

**1939** Katalonien fällt in die Hand der Faschisten und wird vom Francoregime unterdrückt

Die Ersten waren die ***Iberer*** vor etwa 7000 Jahren – ihre Siedlungen sind die Wiege Spaniens. Es folgten Griechen, Römer und Westgoten. Später kamen weitere Einflüsse hinzu, kurz aus dem maurischen Süden Spaniens, länger aus Mitteleuropa. So entstand eine Melange, die bis heute die katalanische Kultur prägt. Viele Spuren dieser Vergangenheit können Sie immer noch entdecken: etwa die antike iberische Siedlung Ullastret, die griechisch-römische Doppelstadt Ocaña Empúries oder die ***Burgen aus dem Mittelalter***, die Wehrkirchen und Klöster. Aber auch in der Neuzeit haben verschiedene kulturelle Strömungen ihre Spuren hinterlassen. In vielen Orten der Costa Brava stehen noch Gebäude aus der Zeit des ***modernisme***, der spanischen Variante des Jugendstils, sowie Häuser der *indianos*. So wurden die im 19. Jh. nach Kuba ausgewanderten Katalanen genannt, die sich nach ihrer Rückkehr in die Heimat prachtvolle, karibisch anmutende Häuser bauen ließen, wie sie heute noch in Begur und Lloret de Mar zu finden sind.

## Erstes Ziel des Massentourismus in Spanien in den 1950er-Jahren

Dem Charme der Costa Brava erlagen zuerst die ***Künstler und Exzentriker*** – wie Dorothy Muriel Webster, die gemeinsam mit ihrem Ehemann, dem Zar-Nachkömmling Nicolás Woevodsky, in den 1920er-Jahren das Cap Roig in einen spektakulären botanischen Garten, die Jardins de Cap Roig, verwandelte. Oder Maler wie Marc Chagall oder Pablo Picasso, die von Licht und Landschaft fasziniert waren. Oder Künstler wie Man Ray, Max Ernst, Paul Éluard, die die Gesellschaft des zwirbelbärtigen Salvador Dalí genossen. Ihnen folgten die Touristen.

Die Costa Brava wurde in den 1950er-Jahren zu einem der ersten Ziele des Massentourismus in Spanien. ***Sonne, Strand und niedrige Preise*** lockten Touristen aus Nord- und Mitteleuropa. An der Küste setzte ein Bauboom ein, es entstanden die bekannten Hotelhochbauten und Touristenzentren wie Platja d'Aro oder Lloret de Mar. Was die einen als Ziel aller Urlaubsträume sehen – billiges, lautes und schnelles Vergnügen rund um die Uhr –, erzeugt bei anderen große Abneigung.

Inzwischen hat sich der Tourismus gewandelt, und die Costa Brava hat sich erfolgreich ein neues Image zugelegt. Qualität steht im Vordergrund – und auch die Preise haben angezogen. Zwar hat der Massentourismus immer noch „seine" Orte, wo

**1975** Franco stirbt, Spanien wandelt sich in eine Demokratie und Katalonien erhält Autonomiestatus

**1992** Olympische Spiele in Barcelona

**2006** Verabschiedung eines neuen Autonomiestatuts für Katalonien, das wenig später wieder vom Verfassungsgericht beschnitten wird

**2015** Bei den regionalen Wahlen erhalten in Katalonien die Befürworter für eine Unabhängigkeit die absolute Mehrheit

wie gehabt eine lange Reihe von Hotelfassaden die Strände säumen. Doch mit ***Wander- und Sportangeboten*** werben Dienstleister verstärkt um Familien oder setzen auf Gourmettouristen. Denn allein in der Provinz Girona gibt es 13 mit Michelin-Sternen ausgezeichnete Restaurants. Auch jenseits der Gourmettempel ***zaubern junge Köche Exzellentes auf den Tisch*** – mit innovativen Methoden und Respekt vor Tradition und Produkt. Ferran Adrià, der Erfinder der „Molekularküche", hat die Gastronomie der Region nachhaltig revolutioniert.

**Kleine Fischerorte, charmante Seebäder**

Die Katalanen gelten in Spanien als fleißig, geschäftstüchtig, übertrieben sparsam und verschlossen. Auch die Katalanen selbst sehen sich eher als Mitteleuropäer –

Überraschungsei in Port Lligat: Unterm Dach wohnte Salvador Dalí mit seiner Frau Gala

und fühlen sich im Zweifelsfall Frankreich näher als Andalusien. Mit dem Stolz auf die Andersartigkeit, auf die eigene Sprache, Kultur und Identität, erklären sich zum Teil auch die ***Unabhängigkeitsbestrebungen*** der autonomen Region. Zwar hat Katalonien nach Francos Tod bedeutend mehr Eigenständigkeit erhalten, die Region hat eine eigene Polizei und weitreichende Kompetenzen, etwa beim Schul-, Sozial- und Wohnungswesen und in der Sprachpolitik. Viele bemängeln aber eine ungerechte Steuerlast, fehlende staatliche Investitionen und mangelnde Dialogbereitschaft der spanischen Regierung.

Doch egal, wie hitzig der Ton bei manchen politischen Debatten auch sein mag: Wenn der Sturm sich legt, ist wieder Zeit für ***meditative Blicke aufs Meer*** und stille Freude über die Schönheit der „wilden Küste".

# IM TREND

## 1 Adriàs Erben

**Kochkunst** „Silicon Valley der Küche" hat Ferran Adrià die Costa Brava und die Provinz Girona einmal genannt. Er muss es wissen, schließlich hat der Erfinder der Molekularküche eine ganze Generation von Köchen die Quadratur des Kreises gelehrt. Ihr Credo: Respekt vor Produkt und Tradition – und Freude an innovativen Methoden. Im *Miramar (Passeig Marítim 7 | Tel. 972380132 | www.restaurantmiramar.com)* in Llançà serviert Paco Pérez *(Foto)* Dumplings und Gelees. Im *Casamar (C/ del Nero 3 | Llafranc | Tel. 972300104 | www.hotelcasamar.net)* begeistert Quim Casellas mit raffiniert zubereiteter Slow-Food-Küche.

## 2 Entspannter rollen

**Radfahren** Sanfte Hügel, weite Ebenen: Das Empordà ist ideal zum Radfahren. Auf den *Vies Verdes (www.viesverdes.cat)*, stillgelegten und zu Radwegen umgebauten Bahntrassen, fahren ganze Familien bequem von Girona hinunter ans Meer oder durch die Vorpyrenäen. Noch entspannter geht's mit einem E-Bike von *Burricleta (C/ de la Barca 16 | Girona | Tel. 972751017 | www.burricleta.com)* in charmantem Vintage-Design.

## 3 Schöne Kulisse

**Festivals** Troubadoure mit Dudelsack vor der Kathedrale in Castelló d'Empúries *(www.terradetrobadors.com)*, Pop-Poeten im Botanischen Garten auf dem Cap Roig *(www.caproigfestival.com)* und große Oper im Castell de Peralada *(Foto) (www.festivalperalada.com)*: Historische Stätten an der Costa Brava werden jetzt richtig in Szene gesetzt und dienen als malerische Kulisse für Festivals. Die Devise: Jeder laue Sommerabend hat das Potenzial zum Gesamtkunstwerk.

## An der Costa Brava gibt es viel Neues zu entdecken. Das Spannendste auf diesen Seiten

# Altes Glas, neuer Tisch

4

**Recycle** Barcelona ist eindeutig die Hauptstadt der Recyclingkunst. Hier baut Imanol Ossa *(www.imanolossa.com)* aus Klaviertasten, alten Porzellantellern und Gläsern Lampenschirme, die Szenebars und Modeboutiquen zieren. Und Imanol Ossa ist nicht der Einzige, der den Trend erkannt hat. *Ciclus (www.ciclus.com) (Foto)* designt filigrane Halsketten aus Dosenverschlüssen oder durchdachte Möbelstücke, wie den Couchtisch, der auch als Vase dient. Natürlich haben Barcelonas Recyclingkünstler auch ein eigenes Festival: das DrapArt im renommierten *Zentrum für Zeitgenössische Kultur*.

# Hinterwäldler? Von wegen!

5

**Kunst- und Architekturszene** Vielleicht ist es der wiederbelebte Mythos der Künstler-Bohemiens, die in den 1920er-Jahren an die Costa Brava zogen, vielleicht auch die Nähe der Küste zum stillen Hinterland: Das Empordà ist in den letzten Jahren zum Sehnsuchtsort und Experimentierfeld vieler Kreativer geworden, die keine Lust mehr auf den Rummel der Großstädte haben. In Casavells haben Galeristen aus Barcelona ein Palais aus dem 16. Jh. in die feine Kunst- und Möbelgalerie *Palau de Casavells (C/ Sant Isidre 2 | Tel. 972 63 09 89 | www.palaudecasavells.com)* verwandelt. Und das herrlich gelegene Weingut *Brugarol (Camí de Bell-lloc | Tel. 972 31 62 03 | www.brugarol.com)* bei Palamós ist nicht nur Anlaufpunkt für Weinkenner, sondern dank der extravaganten Kortenstahl-Konstruktion eines Architekturbüros aus Girona machen auch viele Liebhaber moderner Architektur einen Abstecher ins Hinterland.

# FAKTEN, MENSCHEN & NEWS

## CASINO

Lassen Sie sich nicht in die Irre führen: In Casinos wird in Katalonien nicht unbedingt gezockt. Häufig sind es Kultur- und Freizeitvereine, manche mit Theatersaal oder Ausstellungsraum, alle mit einer Bar, in der Rentner Domino spielen, Zeitung lesen oder plaudern – und einem großen Festsaal. Ende des 19. Jhs. von Arbeiter- und Bürgervereinen gegründet, sind viele Casinos in historischen Gebäuden untergebracht, etwa in Sant Feliu de Guíxols oder Palafrugell. Ein Blick hinein lohnt schon deshalb.

## CASTELLERS

Der Bau von Menschenburgen ist Volkssport und Kulturausdruck der Katalanen zugleich. Begleitet von Trommel- und Trötenmusik, klettern die *castellers* jeweils auf die Schultern ihrer Untermänner oder -frauen und bilden bis zu zehn Etagen hohe, sich nach oben verjüngende Türme. Die Basis bildet die *pinya*, darauf folgt der *tronc*, bei dem je nach Turmtyp ein, zwei oder drei *castellers* zusammenstehen. Vollendet ist das *castell*, wenn die *enxaneta*, meist ein kleines Kind, bis nach oben klettert und den Arm hebt. Genauso wichtig wie der Aufbau ist auch der Abbau. In Wettbewerben und auf Volksfesten wird regelmäßig um das höchste und schwierigste *castell* konkurriert.

## DALÍ

Neben Joan Miró und Antoni Tàpies ist Salvador Dalí (1904–89) der bedeu-

 Bild: Casa Batlló

## Menschentürme und riesige Schutzheilige: Erfahren Sie mehr über katalanische Kunst und Kultur, Keramik, Kork und Kreistänze

tendste Maler Kataloniens. Der Surrealist mit dem berühmten Schnurrbart wurde in Figueres geboren, ging für eine Zeit nach Paris und New York, lebte jedoch überwiegend in Katalonien. Gemeinsam mit seiner Frau und Muse Gala baute er in Port Lligat bei Cadaqués eine Fischerhütte zum Wohn- und Arbeitshaus um und errichtete in seinem Geburtsort ein ihm gewidmetes Theatermuseum. In Púbol steht ein von Dalí umgestaltetes Schloss, in dem er nach dem Tod seiner Muse die letzten Lebensjahre verbrachte. Wegen seines Lebensstils und seiner Kritiklosigkeit am Francoregime war Dalí umstritten. Cadaqués verdankt ihm seine Popularität – und die Tatsache, dass der Ort bis heute hochhausfrei ist. Denn Dalí drohte für diesen Fall mit seinem Wegzug.

### FISCHEREI

Neben dem Tourismus ist die Fischerei Haupteinnahmequelle der Bewohner, wenn auch zunehmend rückläufig. Was die frühmorgens auslaufende Flotte fängt, wird nachmittags in der Versteigerungshalle *llotja* angeboten. Aber wie überall am überfischten Mittelmeer, stammen nicht alle Fischgerichte in den Restaurants von der eigenen Küste. Wichtige Fangflotten gibt es Palamós, Llançà, Roses, Blanes und L'Escala.

## GEGANTS

Auf jeder Kirmes, auf jedem Fest zu Ehren einer Schutzheiligen treten sie auf, meist als Paar: die ● *gegants*. Fast 5 m hoch, gebaut aus Pappmaché, Draht und Holzleisten, mit lustig gestalteten Köpfen, so wanken sie durch die Menge. Zur Belustigung des Volkes, aber auch um kirchliche Prozessionen nicht ganz so tragisch erscheinen zu lassen. Deshalb legte die Kirche auch lange Zeit den Bann auf die Figuren, deren Ursprung wahrscheinlich im 17. Jh. auf Mallorca zu finden ist. Nach ihrem Auftritt verschwinden die Riesen wieder in den Lagerräumen der Gemeinden oder werden in Museen ausgestellt. Wie z. B. im Museu de la Mediterrània in Torroella de Montgrí.

Riesengroß, aber völlig harmlos: *gegants* in Barcelona

## GAUCHE DIVINE

Der Ruhm der Costa Brava verdankt sich – zumindest spanienweit – auch der sogenannten Gauche Divine (übersetzt etwa: Göttliche Linke). In den 1960er- und 1970er-Jahren gehörte unter Barcelonas Intellektuellen ein Ferienhaus oder eine Zweitresidenz an der Costa Brava ebenso zum guten Ton wie mehr oder weniger offene Distanz zum Franco-Regime und die Vorliebe für ein ausschweifendes Nachtleben. Sänger Joan Manuel Serrat, Schriftstellerin Rosa Regàs, Architekt Oriol Bohigas und all die anderen Schönen, Reichen, Klugen hatten natürlich auch ihrerseits ein Vorbild: Künstler wie Pablo Picasso, Salvador Dalí, Luis Buñuel und Max Ernst feierten bereits in den 1920er-Jahren in Cadaqués und Co. Anders gesagt: *Divina*, also göttlich, war die Costa Brava schon lange.

## HABANERAS

Punktierter Zwei-Viertel-Takt, sehnsuchtsvolle Melodie und Texte über die Liebe, das Heimweh und natürlich das Meer: Die bis heute populäre Liedform *habanera* formte sich unüberhörbar im steten Austausch zwischen den Kontinenten, zwischen Kuba und Spanien. Dass sie an der Mittelmeerküste so populär ist, verdankt sie auch den *indianos*, den katalanischen Auswanderern, die ihr Glück jenseits des Atlantiks gesucht hatten und bei ihrer Rückkehr auch Teile der karibischen Kultur importierten. In Calella de Palafrugell treffen sich seit 1966 jeden Sommer die Fans zur großen *Cantada d'Havaneres*, zum Fischersingen am Hafen. Wer mitsummen will: Eine der bekanntesten *habaneras* ist „La Paloma".

## JUDEN

Die ersten jüdischen Familien an der Costa Brava ließen sich um 890 n. Chr. in Girona nieder. Sie lebten in einem Stadtteil für sich, dem *call.* Enge Gassen mit mehrstöckigen Häusern, kleinen Gärten und versteckten Innenhöfen, die Synagoge in unmittelbarer Nähe, bildeten den Lebensraum. Die Juden genossen Autonomie, die steuerlich belegt war und ihnen, besonders seitens des katholischen Klerus, ständige Anfeindungen eintrug. Nach vielen Verfolgungen wurden sie 1492 durch königliches Dekret ausgewiesen. Zurück blieben die *Calls* genannten Judenviertel, wie z. B. in La Bisbal und in Girona, wo sich eine bedeutende kabbalistische Schule befand..

## KAROLINGER

Die trutzigen romanischen und frühgotischen Bauten im Hinterland und an der Küste hat die Costa Brava den Karolingern zu verdanken. Karl der Große errichtete 801 im Norden der Iberischen Halbinsel eine Grenzmark zur Verteidigung gegen die Mauren aus Al-Andalus. Die Araber beherrschten nur wenige Jahre diesen Teil Kataloniens – auch das ein Grund, warum sich diese Region so grundlegend von anderen Spaniens unterscheidet.

## KOCHKOLLEKTIVE

Essen ist an der Costa Brava keine Nebensache, sondern eine ernst zu nehmende Angelegenheit, bei der – bei aller Freude am Experiment – Tradition großgeschrieben wird. Schließlich spiegelt jedes Gericht Klima, Geschichte und Kultur einer Region wider. In Katalonien kümmern sich seit Mitte der 1990er-Jahre Kochkollektive darum, dass dieses Erbe bewahrt und weitergegeben wird. Rund zwanzig solcher Kollektive gibt es in ganz Katalonien, neun allein an der Costa Brava. Produzenten und Gastronomen kümmern sich darin gemeinsam um den (Wieder-)Anbau traditioneller regionaler Sorten, Spitzenköche modernisieren behutsam altbekannte Klassiker. Zu den bekanntesten Vereinigungen gehören La Cuina del Empordanet *(www.cuinadelempordanet.net)* und Girona Bons Fogons *(www.gironabonsfogons.com)*.

## MASÍA

Die trutzigen, meist aus grob behauenem Naturstein gemauerten Gehöfte gehören bis heute zum Landschaftsbild in Katalonien. Heute oftmals leer stehend, standen sie früher im Zentrum des ländlichen Kosmos und wurden über den ältesten Sohn, den *hereu*, von Generation zu Generation weitergegeben. In Architektur und Anlage der Landhäuser spiegelt sich der Reichtum der jeweiligen Bauernfamilie. Die *casa pairal*, das Haus der Vorfahren, spielt noch heute eine große Rolle im kollektiven Bewusstsein – auch wenn beim Stichwort La Masía viele an die in einem Landhaus untergebrachte, legendäre Nachwuchsschule des FC Barcelona denken. Wie die typischen Landhäuser ist auch der katalanische Vorzeigeverein ein wichtiger Baustein katalanischer Identität.

## MIRÓ

Joan Miró (1893–1983) wurde in Barcelona geboren und gehört zu den großen surrealistischen Malern. Befreundet mit Picasso, lebte er einige Zeit in Paris, kehrte aber wieder nach Barcelona zurück. Dort gründete er die Miró-Stiftung, ein Museum, in dem sich heute bedeutende Werke von ihm befinden.

## MODERNISME

Der *modernisme* (span. *modernismo)* ist die katalanische Spielart des Jugendstils. Die künstlerische Bewegung entstand Ende des 19. Jhs. und umfasst mit Möbelbau, Architektur, Keramik und Schmuckdesign unterschiedliche Kunstbereiche. Die Ausdrucksformen sind geschwungen, asymmetrisch und an der Natur orientiert. Häufig verschmelzen unterschiedliche Materialien wie Glas, Keramik und Stahl zu dekorativen, blumenartigen Verzierungen. An der Costa Brava sind u. a. in Caldes de Malavella, Figueres, Girona und Lloret de Mar architektonische Zeugnisse zu sehen. Wichtigster Vertreter des architektonischen Modernisme ist der in Barcelona geborene Antoni Gaudí (1852–1926). Sein berühmtestes Werk, die Sagrada Familia, ist immer noch unvollendet.

## PLA

Der bedeutendste Schriftsteller Kataloniens war ein detailgenauer Chronist seiner Heimat. Josep Pla, geboren 1897 in Palafrugell, musste nach dem spanischen Bürgerkrieg zunächst auf Spanisch schreiben. Bekannt wurden neben seinen kritischen Zeitungsartikeln auch Reiseberichte über Katalonien und Mallorca. Pla starb 1947 in Llofriu. Nur 1 km von dort entfernt, in Palafrugell, erinnert in seinem Geburtshaus ein Museum an ihn.

## RAMBLES

In allen größeren Orten an der Costa Brava sind sie zu finden: die Flaniermeilen. Auf den *rambles* findet das abendliche Leben statt. Hier wird geflirtet, der abendliche Drink eingenommen oder einfach nur geschaut. Meist verlaufen die *rambles* in ehemaligen Flussbetten. Die bekanntesten *rambles* dürften die von Barcelona sein.

## SARDANA

„Die tanzen nicht, die rechnen", soll ein Spötter ausgerufen haben, als er zum ersten Mal den Reigentanz *sardana* gesehen hat. Tatsächlich ist die Folge aus kurzen und langen Schritten komplizierter, als es den Anschein hat. Als nationales Symbol der Katalanen war die *sardana* unter Franco lange Zeit verboten, heute wird sie zu Volkfesten und auf öffentlichen Plätzen getanzt. Wer sich traut, darf mittanzen.

## TÀPIES

Der 1923 in Barcelona geborene Maler Antoni Tàpies war einer der bekanntesten Vertreter der katalanischen Künstleravantgarde nach dem Zweiten Weltkrieg. Trotz Zensur durch die spanische Zentralbehörden gelang es ihm, mit seinen Gemälden gegen die politische Unterdrückung in seinem Heimatland zu protestieren. Dem 2012 gestorbenen Informel-Künstler wurde eine Stiftung in Barcelona gewidmet *(www.fundaciotapies.org)*.

## TRAMUNTANA

Vor allem im Winter bläst von den Pyrenäen kommend ein kalter, böiger Wind übers Land. Er bereitet nicht nur den Landwirten des Empordà Kopfzerbrechen, sondern sorgt auch für die flachen Wolkengebilde am ansonsten blitzblauen Himmel. Diese tauchen häufig auf den surrealistischen Gemälden von Salvador Dalí auf. Dalí wies der Tramuntana gar charakterbildende Eigenschaften zu. Der trockene Nordwind sei veranwortlich für die Verrückheit, die den Bewohnern dieses Landstrichs nun einmal zu eigen sei, so der selbst so exzentrische Künstler.

## UNABHÄNGIGKEIT

Warum in aller Welt wollen so viele Katalanen einen eigenen Staat? Wenn Sie in einer Bar danach fragen, wird man Ihnen vermutlich von den vielen Steuern erzählen, die Katalonien nach Madrid abführt, von den Autobahnen, für die im Gegensatz zu den meisten anderen spanischen Regionen Maut gezahlt werden muss, den fehlenden Investitionen in den Schienenverkehr. Viele Katalanen sehen sich zudem in ihren Selbstbestimmungsrechten verletzt, seit das spanische Verfassungsgericht 2010 das „katalanische Grundgesetz" in wesentlichen Teilen beschnitten hat. Wie viele *independentistes* es tatsächlich gibt, könnte tatsächlich erst eine Volksbefragung klären. Doch das lehnt die Zentralregierung bisher strikt ab. Als Faustregel für eigene subjektive Erhebungen gilt daher: Je mehr *estelades*, die mit einem blauen Dreieck und weißen Stern verzierten rot-gelb-gestreiften Fahnen der Unabhängigkeitsbewegung, Sie in einem Ort vor Rathäusern oder an Balkonen sehen, desto mehr Unabhängigkeitsbefürworter leben auch dort.

## WEINBAU

Die *Denominació d'Origen Empordà* gehört zwar zu den kleineren Weinanbaugebieten Spaniens, aber auch zu seinen ältesten. Bereits im 6. Jh. v. Chr. brachten die Griechen die Rebe über den Hafen von Empurion auf die iberische Halbinsel. Auf Kalkböden und Terrassenanlagen gedeihen zehn Rebsorten, darunter rote und weiße Grenache, Macabeo (weiß) und Samsó (rot). Die D. O. Empordà gilt als wichtigstes Rosado-Produktionsgebiet. Besonders bekannt und traditionsreich sind die Winzereien rund um das Kloster Sant Pere de Rodes.

Beliebte Meile zum Flanieren, Flirten oder einfach nur Gucken: Rambles in Barcelona

# ESSEN & TRINKEN

**Um eine Ahnung von der Küche der Costa Brava zu bekommen, reicht ein Blick auf die Landkarte: Aus den Wäldern der Vorpyrenäen stammen Pilze und Wildfleisch, reichlich Gemüse wird in der fruchtbaren Ebene geerntet, und an der felsenreichen Küste gehen üppig Fische und Meeresfrüchte ins Netz.**

*Mar i muntanya*, **Meer- und Berggerichte**, nennt man die Kombination aus diesen Zutaten traditionell in Katalonien. Ihren für die Costa Brava typischen Niederschlag finden sie in Gerichten wie einer mit Calamar-Tinte schwarz gefärbten Reispfanne, Kabeljausalat mit roter und grüner Paprika, Tomaten, Zwiebeln und Oliven, oder – als Referenz an die Vorpyrenäen im Hinterland der Costa Brava – ***Kaninchen mit Schnecken***. Eine weitere Spezialität ist das INSIDER TIPP *suquet*, ein deftiger, dicker Fischtopf mit Bohnen oder Erbsen und Kartoffeln, einst das Hauptessen der Fischer. An Bord wurde es meist nur auf einer dicken Scheibe Brot serviert.

Viele Klassiker der katalanischen Küche haben ihren Ursprung in sogenanntem ***Arme-Leute-Essen***. Dazu gehört das zu jedem Essen gereichte *pa amb tomàquet*, geröstetes, mit Knoblauch, Tomate und Olivenöl bestrichenes Brot, ebenso wie *allioli*, eine Mayonnaise aus viel Knoblauch und Öl.

Andere Spezialitäten, wie *grotes*, die vor allem in Cadaqués populären ***Seeigel***, oder die nach ihrer Schlappenform *espardenyes* genannten Seegurken, waren früher Grundbestandteil einfacher


Bild: Katalanische Spezialität: Allioli

## Aus Garten und Meer: Gemüse, Pilze, Fleisch und Fisch vereinen sich in der Küche der Costa Brava zu ungewöhnlichen Gerichten

Fischermahlzeiten – und gelten heute als Delikatesse, mit entsprechend saftigen Preisen.

Dass die Küche der Costa Brava inzwischen in einem Atemzug mit der baskischen genannt wird, verdankt sich der gastronomischen Revolution, die ***Molekularküchenerfinder Ferran Adrià*** losgetreten hat. Die führte nicht nur dazu, dass inzwischen fast jede Ortschaft – zumindest außerhalb der großen Touristenzentren – mit einem Feinschmeckerrestaurant aufwarten kann, sondern schärfte auch bei den Landwirten das Bewusstsein für Qualität.

So achten die Erzeuger jetzt verstärkt auf den Anbau und den Schutz regionaler Sorten. Zwiebeln aus Figueres, Reis aus Pals und ***Anchovis aus Escala*** sind mittlerweile geschützte Herkunftsbezeichnungen und gelten als Gütesiegel. Einige Landkreise bauen inzwischen wieder fast verschwundene Gemüsesorten wie die ***rotäugige Bohne*** an. Großen Anteil an dieser Renaissance haben auch die Kochkollektive, regionale Zusammen-

# SPEZIALITÄTEN

**Arròs negre** – Schwarzer Reis, mit Tinte des Tintenfisches zubereitet, wird zusammen mit Zwiebeln, Knoblauch, Tomaten und Meeresfrüchten gereicht

**Botifarra** – Typische katalanische Brüh- oder Bratwurst, die in zahlreichen Varianten vorkommt: roh, gekocht, scharf und süß. Grundmasse ist Schweinehack, das in Naturdarm gefüllt wird, in der dunklen Variante kommt Schweineblut hinzu

**Calçots** – Über dem offenen Feuer gegrillte Frühlingszwiebeln mit scharfer Sauce, deren Zutaten regional variieren. Dieses Gericht wird gerne in Gesellschaft unter freiem Himmel genossen

**Esqueixada** – Stockfisch in Öl mit Tomaten und Zwiebeln. Nach dem Entsalzen mit reichlich Wasser kann er auch roh gegessen werden (Foto li.)

**Montgetes amb botifarra** – Eintopf aus dicken Bohnen und schwarzer *botifarra*, einer harten oder süßen Blutwurst

**Pa amb tomàquet** – Mit Knoblauch, Öl und Tomaten eingeriebenes und geröstetes Weißbrot, ein Begleiter für viele Gerichte (Foto re.)

**Sardines a la planxa** – Sardinen, auf einer heißen Platte gegart und mit Knoblauch und Petersilie gewürzt, dürfen bei einer *sardinera*, einem Sardinenessen, nicht fehlen

**Trinxat** – Kohlgericht mit Kartoffeln. Die Gemüse werden gekocht, dann zerstampft und anschließend mit Speck gebraten

**Xamfaina** – Sauce aus roten Paprikaschoten und Tomaten, häufig auch mit Auberginen und Zwiebeln. Eine beliebte Beilage zu Kartoffelgerichten

schlüsse von Produzenten und Gastronomen (s. S. 23).

Vom Boom der Costa-Brava-Küche profitieren auch die Winzer. Hauptanbaugebiet ist die Comarca Girona, wo Weiß-, Rosé- und Rotweine sowie der ***Süßwein Garnatxa*** (nicht zu verwechseln mit der gleichnamigen Traube) produziert werden, 3,5 Mio. Flaschen jährlich. Schon seit 2500 Jahren wird in der Region Wein angebaut, seit 1975 ist die *Denominació d'Origen Empordà* eine geschützte Herkunftsbezeichnung, die zehn verschiedene Rebsorten ganz unterschiedlicher Charakteristik umfasst. Der katalanische Sekt ***Cava*** wird zwar überwiegend

im Penedès, südwestlich von Barcelona, angebaut – getrunken wird die prickelnde Spezialität aber natürlich auch an der Costa Brava, und zwar nicht nur zu Feierlichkeiten.
Neben den in Spanien üblichen Kaffees wie *con leche* (mit Milch), *solo* (Espresso) oder *carajillo* (mit Rum oder Brandy) gibt es an der Costa Brava eine Spezialität, den ***cremat***. Die Basis ist Rum, dem man etwas Zucker, ein paar Kaffeebohnen, ein Stück Zitrone sowie etwas Zimt am Stück zugibt. Das Ganze wird heiß getrunken, vorzugsweise in geselliger Runde. Traditionell wärmten sich damit Seemänner und kleine Leute an kalten Wintertagen auf.
Die Essensgewohnheiten an der Costa Brava unterscheiden sich nicht unbeträchtlich zu denen in Zentraleuropa: Es wird vor allem später und auch länger gegessen. Das ***Mittagessen*** kommt nicht vor 13.30 Uhr auf den Tisch, das Abendessen erst ab 21 Uhr. Dafür sitzt man dann gern zwei, drei Stunden zusammen – um zum Abschluss noch den Nachtisch, häufig ein *recuit*, ein Weichkäse, oder eine ***crema catalana***, den traditionellen karamellisierten Vanillepudding, zu genießen und um noch etwas zu plaudern. Die ***sobremesa***, also die Zeit, die man nach dem Essen entspannt miteinander verbringt, ist in ganz Spanien genauso wichtig wie die gemeinsame Mahlzeit selbst.
In ausgesprochenen Touristenorten kommen die Restaurants den Essgewohnheiten ihrer ausländischen Kundschaft entgegen und servieren früher als üblich. Wen der Hunger überwältigt: In ***Tapasbars*** kann man ihn noch früher stillen. Die Hotels in durchschnittlicher Preiskategorie bieten ihren ausländischen Gästen meist keine besonders anspruchvolle einheimische Küche. Man stellt sich auf den Gast ein und bietet das, was, wie man glaubt, im Heimatland des Gastes üblich ist. Das gilt besonders für Hotelbetriebe mit Pauschalurlaubern.
Wer wirklich eine ***authentische Küche*** der Region probieren möchte, der sollte in Bars, Restaurants oder Hotels einkehren, in denen katalanisch gekocht wird – erkennbar daran, dass auch die Einheimischen dort essen. Freunde eines üppigen Frühstücks haben in Katalonien übrigens bessere Karten als im Rest Spaniens, wo den ***café con leche*** am Bartresen meist nur ein Croissant oder ein Toastbrot begleitet. Gerade im Hinterland darf es auch vor 12 Uhr etwas deftiger sein, da gehört Herzhaftes wie Wurst, Käse und ***truita***, ein Omelett, dazu.

Köstlicher Abschluss: Crema catalana

# EINKAUFEN

Zum Einkaufen fahren Sie am besten nach Barcelona oder Girona. Dort macht ein Bummel durch die Altstädte Spaß – in Barcelona vor allem durch die Viertel Born, Raval und Gràcia, in Girona in der Gegend um Rathaus und Basilika. Statt des üblichen Einerleis in den meisten europäischen Fußgängerzonen reiht sich tatsächlich noch Traditionsgeschäft an Szeneshop und Schuhmanufaktur an Kurzwarenladen. Allerdings haben steigende Mieten mittlerweile auch hier einigen Vorzeigegeschäften ein jähes Ende beschert.

Die Touristenzentren an der Costa Brava haben sich mit ihrem Souvenirangebot auf das Publikum eingestellt. Modeschmuck, bedruckte T-Shirts, Kunsthandwerk aus Massenanfertigung und die unvermeidlichen *botas*, Ledertrinkbeutel in billiger Ausführung, sind populäre Mitbringsel.

Übrigens: In vielen Geschäften gibt es einen Automaten, aus dem man eine Nummer ziehen muss, die später aufgerufen wird. Ist kein Automat vorhanden, fragen Sie am besten nach dem Letzten in der Reihe – mit den Worten: *Quien es el ultimo?* (Wer ist der Letzte?). So können Sie sich manchen Ärger in der Schlange ersparen.

## BÜCHER & GRAFIKEN

In den Buchhandlungen finden Sie eine große Auswahl an Literatur über die Costa Brava, besonders an Bildbänden. Auch teilweise auf Englisch geschriebene Biografien der großen ortsansässigen Künstler, wie z. B. von Salvador Dalí, finden Sie dort. Dalí-Grafiken bekommen Sie in Barcelona, Figueres, Girona und Cadaqués.

## KERAMIK

Korbwaren und schöne Keramik vom Kaffeeservice über Blumentöpfe bis hin zu ganzen Essgeschirren werden vor allem in der Gegend um La Bisbal angeboten. Allerdings werden heute nur noch wenige Keramiken direkt in La Bisbal hergestellt, die meisten kommen aus anderen Regionen Spaniens. Die authentischen Bisbalfarben sind Braun und Grün.

## KÜCHENGERÄTE

Eine Fundgrube für oftmals kuriose Küchengeräte und Werkzeuge sind die Eisenwarengeschäfte, die *ferreterias.* Hier bekommen Sie auch günstig die beliebten Olivenölkannen aus nicht rostendem Metall oder Glas, *aceitera* oder *setril* ge-

## Kulinarisches und Keramik: Wer Massenware nicht mag, stöbert im Hinterland nach einheimischen Produkten

nannt, oder die in verschiedenen Größen erhältlichen Paellapfannen. Auf den Märkten und auch in den Haushaltswarengeschäften finden Sie aus Olivenholz geschnitzte und gedrechselte Schalen, Essbestecke, Dosen und Brettchen.

### KULINARISCHES

Authentische Produkte der Region bekommen Sie am besten in den Orten des Hinterlands, und zwar dort, wo auch die Einheimischen einkaufen. Auf den Wochenmärkten werden viele Produkte aus bäuerlicher Herstellung angeboten, wie Oliven, harte Würste, Honig, Maronen oder Käse. Die örtlichen *bodegas* haben heimische *cavas* (Sekt), Weine, Brandys und Liköre im Angebot, die preisgünstiger als in Nordeuropa sind. Feinschmecker kaufen gerne in Llançà, dem Haupthafen für Anchovis, eingelegte Anchovis ein – und das sehr günstig. Beim Einkauf in den Markthallen sollte man sich übrigens nicht von den prächtig aufgetürmten Früchtebergen zum Betasten derselben verführen lassen: Die Marktfrauen reagieren meist ungehalten.

### SCHUHE

Eine katalanische Besonderheit sind die *alpargatas*, in Frankreich unter dem Namen *espadrilles* bekannt. Früher der Arme-Leute-Schuh, aus Leinen mit Sohle aus Espartogras, heute aus verbesserten Materialien in allen Farben. Neben vielen No-name-Fabrikaten gibt es auch eine berühmte Marke, unter der eine edlere Version vertrieben wird: *Campesina* von der Firma *Castañer*.

### TABAKWAREN

Raucher können sich preisgünstig in den *estancos,* den Tabakwarengeschäften, eindecken. INSIDER TIPP Kubanische Zigarren bekommen Sie dort beispielsweise bis zu 20 Prozent billiger als in Deutschland.

# ALT EMPORDÀ

**Kahle Berge, von Festungsruinen gekrönt, schroffe Felsen, die in die Brandung stürzen: Im Alt Empordà, der nördlichsten der drei Costa-Brava-Regionen, macht die „wilde Küste" ihrem Namen alle Ehre.**

Das Wasser in den Buchten ist klar und blau. Duftende Kiefernhaine spenden Schatten. In den weißen Dörfern sitzen Frauen beim Netzeflicken und Fischer beim Dominospiel in Bars. Die Landschaft hat einen eigentümlich ursprünglichen Charme, den europäische Künstler und Lebenskünstler schon früh entdeckten. Heute fasziniert die Gegend vor allem Individualtouristen und Naturfreunde. Wenn Sie die Costa Brava ohne großen Rummel erleben möchten, sind Sie im Norden gut aufgehoben.

## CADAQUÉS

(125 F4) (*🗺 H4*) **Weiße Fischerhäuser an felsiger Bucht, holprige Pflastergassen, darüber die Pfarrkirche Santa Maria: Von ★ ● Cadaqués war Salvador Dalí schon als Kind begeistert.**

1930 kaufte er im Nachbarort eine Fischerhütte, die er zum Wohnhaus und Atelier ausbaute – und lud die großen Künstler seiner Zeit: Luis Buñuel, Federico García Lorca, Paul Éluard und Marcel Duchamp flanierten durch Cadaqués. Ihnen folgten in den 1970er-Jahren die Hippies, die das entspannte Flair schätzten – und sich (nicht nur) an der bizarren Formenwelt des Cap de Creus berauschten. Bis heute hat sich der Ort mit seinen Ga-


Bild: Cadaqués

## Burgen, Berge, Meer und Strand – der wilde Norden: Wandern auf steinigen Pfaden und Schwimmen in klaren Buchten

lerien und Cafés zumindest den Hauch eines Künstlerdorfs bewahrt.

### SEHENSWERTES

#### ESGLÉSIA SANTA MARIA

Die Pfarrkirche ragt hoch über den Ortskern hinaus, ein Bild, das sich auf vielen Postkarten und Gemälden wiederfindet. Sie wurde 1543 von Piraten zerstört und im 16. Jh. wieder aufgebaut. Im Inneren ist der vom Katalanen Pau Costa geschnitzte Barockaltar aus dem Jahr 1727 sehenswert. Vom Kirchhof aus schaut man über die Dächer des Ortes. *Besichtigung nur während des Gottesdienstes: Sa 19, So 11 Uhr | im Ortskern*

#### MUSEU DE CADAQUÉS

Das im Ortszentrum gelegene Museum zeigt in unregelmäßigen Abständen wechselnde Ausstellungen katalanischer Kunst, meist mit thematischem Bezug zu Salvador Dalí. *Tgl. 10.30–13.30 und 15.30–18.30 Uhr | Eintritt 5 Euro | C/ Narcís Monturiol 15*

## ESSEN & TRINKEN

### BAR CAP DE CREUS

Am östlichsten Punkt Spaniens, hoch auf dem Cap de Creus, entschädigt der phantastische Blick aufs Meer für den manchmal überforderten Service. Katalanische Hausmannskost, indische Currys. *Tgl. | Cap de Creus | Tel. 972199005* | €

Künstlerdorf oder Fischerort? Hübsche Häuser und Gassen hat Cadaqués allemal!

### INSIDER TIPP COMPARTIR

Die drei Freunde Mateu Casañas, Oriol Castro und Eduard Xatruch setzen neue Maßstäbe in Sachen Tapas und zaubern köstliche Kleinigkeiten auf den Tisch, teils katalanische Klassiker, teils Avantgarde. Von den Tellern in der Tischmitte bedienen sich alle gemeinsam. Besonders hübsch sitzt man im Hof. Reservierung erforderlich. *Mo geschl. | Riera Sant Vicenç | Tel. 972258482 | es.compartircadaques.com* | €€€

### ES BALUARD

Fischgerichte mit Blick über die Bucht von Cadaqués. Lecker sind auch die hausgemachten Nachtische, etwa INSIDER TIPP Schafsmilchjoghurt mit Blaubeeren. *So-Abend geschl. | Riba Nemesi Llorens | Tel. 972258183* | €€€

### ES RACÓ

Vom größeren, erhöht liegenden Gastraum haben Sie einen schönen Rundumblick über den Hafen von Cadaqués. Behutsam verfeinerte katalanische Küche. *Tgl. | C/ del Doctor Callís 3 | Tel. 972159480* | €

## EINKAUFEN

Zahlreiche Kunstläden und Galerien führen neben kunsthandwerklichen Produkten wie Keramik und Modeschmuck natürlich auch Reproduktionen von Werken Dalís und Picassos.

### D'ORIGEN

Wein, Oliven, Marmeladen – und ausgesucht schöne Keramik aus dem Empordà. *Riera Sant Vicenç 4*

### GALERIA NORD-EST
Kunstobjekte, Gemälde und Bücher. Auch wechselnde Ausstellungen zeitgenössischer Künstler. *C/ Riba Pianc 2*

### GEMMA RIDAMEYA
Hübscher Designerschmuck aus Vulkangestein. *April–Sept. | C/ Vigilant*

## FREIZEIT, SPORT & STRÄNDE

Die Strände sind klein und steinig, viele Buchten nur schwer oder per Boot erreichbar.

### CREUERS CADAQUÉS
Zu versteckten, sonst unzugänglichen Buchten im Nationalpark Cap de Creus schippern: bei gutem Wetter täglich um 12, 16 und 18 Uhr. *Platja Gran vor dem Casino | Tel. 972159462 | www.creuerscadaques.com*

### KAYAKING COSTA BRAVA
Mit dem Kajak das Cap de Creus erkunden, entweder mit Führung oder indem Sie individuell ein Boot leihen. *Juni–Sept. tgl. 10–19 Uhr | Kiosk an der Bucht von Port Lligat | Tel. 972773806 | www.kayakingcostabrava.com*

### TAUCHEN
Gruppentauchgänge, auf Wunsch auch nachts, buchen Sie bei *Sotamar (ganzjährig | Av. Caritat Serinyana 17 | Tel. 972258876 | www.sotamar.com)*.

## AM ABEND

### INSIDER TIPP CASINO DE CADAQUÉS
Angenehmer Treff direkt am Hafen: nette Leute, guter Service und manchmal Ausstellungen im Obergeschoss. Hier spielen ergraute Fischer Domino, Späthippies stehen mit Touristen um den Billardtisch. *Plaça Doctor Trèmols 1*

### LA HABANA
Perfekt für einen Absacker: In der für ihre Mojitos gerühmten Bar greift der Chef hin und wieder selbst zur Gitarre. *C/ Doctor Bartomeus 2*

## MARCO POLO HIGHLIGHTS

**★ Cadaqués**
Fischerort mit weißen Häusern und viel Atmosphäre → S. 32

**★ Empúries**
Eindrucksvolle Ausgrabungen der griechisch-römischen Doppelstadt → S. 42

**★ Parc Natural del Cap de Creus**
Naturpark mit wilder Landschaft und schönen Wanderwegen → S. 36

**★ Port Lligat mit Dalí-Museum**
An dieser kleinen Bucht wohnte Salvador Dali mit seiner Frau Gala → S. 36

**★ Teatre-Museu Dalí**
Bunte Phantasien Dalís – ein Muss für Freunde seiner Kunst im Museum von Figueres, das in Dalís Geburtsstadt jährlich Tausende von Besuchern aus aller Welt anzieht → S. 38

**★ Museu del Castell de Peralada**
80 000 Bücher sind nur ein Highlight in diesem Museum mit Sammlungen des katalanischen Großbürgertums → S. 40

**★ Parc Natural dels Aiguamolls de l'Empordà**
Im wasserreichen Naturpark machen viele Zugvögel Station → S. 49

## ÜBERNACHTEN

### HOSTAL VEHI

Im alten Stadtkern, ruhig und wenige Minuten vom Wasser entfernt. Die Zimmer sind hell und haben Aircondition. *11 Zi. | C/ de L'Església 6 | Tel. 972 25 84 70 | www.hostalvehi.com | €*

### HOTEL OCTAVIA

Neueres Hotel im Ortszentrum mit heller, freundlicher Einrichtung. *41 Zi. | Riera Sant Vicenç | Tel. 972 15 92 25 | www.hoteloctavia.eu | €€*

### HOTEL PLAYA SOL

Geräumige Zimmer, zum Großteil mit Balkon und Blick auf die Bucht. *70 Zi. | Riba es Pianc 3 | Tel. 972 25 81 00 | www.playasol.com | €€*

## AUSKUNFT

### OFICINA MUNICIPAL DE TURISME

*C/ Cotxe 1 | Tel. 972 25 83 15 | www.visitcadaques.org*

## ZIELE IN DER UMGEBUNG

### FAR DE CALA NANS

(125 F5) *(H4)*

Vom Hotel Rocamar in Cadaqués führt entlang des Küstenpfads Camí de la Ronda ein 3 km langer, gut ausgebauter, aber teils steiler Wanderweg zum Leuchtturm. Von hier aus haben Sie einen wunderbar weiten Blick über Küste und Meer. Badekleidung nicht vergessen, unterwegs finden Sie Badebuchten.

### PARC NATURAL DEL CAP DE CREUS ★

(125 E–F 3–5) *(G–H 4–5)*

Auf der Halbinsel zwischen El Port de La Selva und Roses fallen die Ausläufer der Pyrenäen ins Mittelmeer. Wind, Wasser und Erdgewalten haben über die Jahrtausende eine bizarre Landschaft mit karger Vegetation geformt: löchrig verwitterter Schiefer, wellenförmig übereinander gelagerte Gesteinsschichten und an Tier- und Fabelwesen erinnernde Felsen, die nicht nur die Surrealisten inspirierten. Heute ist der Naturpark ein beliebtes Wandergebiet. Die Parkzentrale *(Juni–Sept. tgl. 10–18 Uhr, Okt.–Mai tgl. 9–17 Uhr | Tel. 972 19 31 91 | parcsnaturals.gencat.cat)* im Kloster Sant Pere de Rodes (ca. 18 km von Cadaqués) hält sehr gute Infos und kostenloses Kartenmaterial bereit. Kopfbedeckung einpacken, am Cap pfeift der Wind!

### PORT LLIGAT MIT DALÍ-MUSEUM ★

(125 F4) *(H4)*

In den labyrinthisch verschachtelten, von Betoneiern gekrönten umgebauten Fischerhäuschen, 3 km hinter Cadaqués, lebte Salvador Dalí mit seiner Frau Gala bis zu deren Tod im Jahr 1982. Mit seiner Mischung aus Kitsch und Kultur, ausgestopften Tieren, umgestalteten Schaufensterpuppen und dem von Elefantenstoßzähnen gesäumten Kamin ist das Haus selbst ein surrealistisches Meisterwerk. Den größten Raum nimmt das Atelier des oft wie besessen arbeitenden Malers ein. Achtung: Es werden immer nur Gruppen von zehn Personen gleichzeitig eingelassen, der Rundgang ist zeitlich begrenzt. Unbedingt vorher reservieren. *Mitte Juni–Mitte Sept. tgl. 9.30–21 Uhr, Mitte Sept.–Mitte Juni Di–So 10.30–18 Uhr | Eintritt 11 Euro | Voranmeldung unter Tel. 972 25 10 15 | www.salvador-dali.org*

# FIGUERES

KARTE AUF SEITE 130

(124 B5) *(E4–5)* **Ohne den hier 1904 geborenen Salvador Dalí wäre**

**Figueres (35 000 Ew.) wohl ein ganz durchschnittliches Landstädtchen.** Doch dank des 1974 eröffneten Dalí-Museums ist die Stadt aber in jedem Reiseführer verzeichnet und lockt Hunderttausende Touristen aus aller Welt an.

## SEHENSWERTES

### CASTELL DE SANT FERRAN

Die im 18. Jh. gebaute Festung galt zu ihrer Entstehungszeit als größtes Militärbauwerk in Europa. Auf 320 000 m$^2$ fanden 6000 Soldaten Unterkunft, fast ebenso viele Pferde konnten gehalten werden. Nachdem das Castell 1997 umfassend renoviert wurde, kann es im Rahmen von Führungen besichtigt werdent. *Juli–Mitte Sept. 10–20 Uhr, Nov.–März 10.30–15 Uhr, April–Juni und Mitte Sept.–Okt. 10.30–18 Uhr | Eintritt 3 Euro | C/ Pujada del Castell*

### MUSEU DE L'EMPORDÀ

Die Sammlung des Museums beinhaltet Objekte aus iberischer Zeit, Skulpturen aus dem Mittelalter sowie zeitgenössische Kunst, ergänzt durch Leihgaben des Prado in Madrid. Auch wechselnde Ausstellungen werden hier gezeigt. *Di–Sa 11–20, So 11–14 Uhr | Eintritt 4 Euro oder im Eintritt vom Dalí-Museum enthalten | Rambla 2*

### MUSEU DEL JOGUET

Puppen, Schaukelpferde, Blechautomaten und Holzkreisel gehören zur Sammlung von mehreren Tausend Spielzeugen. Ebenso interessant wie die einzelnen Exponate des Spielzeugmuseums sind auch deren frühere Besitzer: Salvador Dalí, García Lorca, Joan Miró und andere bekannte Persönlichkeiten. *Juni–Sept. Mo–Sa 10–19.30, So 11–18.30 Uhr, Okt.–Mai Di–Fr 10–18.30 Uhr, Sa 10–19.30 Uhr, So 11–14.30 Uhr | Eintritt 6 Euro | C/ Sant Pere 1 | www.mjc.cat*

### PLAÇA DE L'AJUNTAMENT

Auf dem 1757 angelegten Platz schlägt bis heute das Herz der Stadt. Früher fand hier der Gemüsemarkt statt, jetzt kann

Gesteinsschichten wie Wellen: Wandern am Cap de Creus in wilder, kahler Landschaft

man das geschäftige Treiben unter Arkaden in einem der Cafés gegenüber vom Rathaus beobachten. *Zwischen Carrer Sant Pere und Carrer Girona*

### TEATRE-MUSEU DALÍ ★

Salvador Dalí war ebenso leidenschaftlicher Selbstdarsteller wie Maler. Kein Wunder also, dass er sich in einem ehemaligen, im Bürgerkrieg abgebrannten Theater ein Denkmal setzte. Die Pläne für den Bau mit der markanten transparenten Kuppel und der mit Broten und Eiern verzierten Fassade stammen unübersehbar von Dalí selbst; im Innern hat der Meister ein Labyrinth von Räumen und Fluren geschaffen, mit überwiegend für diesen Bau konzipierten Werken. Im Torre Galatea verbrachte der 1989 verstorbene Künstler seine letzten Tage, hier wurde er begraben. In einem Nebentrakt wird eine Auswahl der von Dalí gestalteten Schmuckobjekte präsentiert. *März–Juni tgl. 9.30–18 Uhr, Juli–Sept. tgl. 9–20 Uhr, Aug. auch 22–1 Uhr, Okt. tgl. 9.30–18 Uhr, Nov.–Feb. tgl. 10.30–18 Uhr | Eintritt 14 Euro | Plaça Gala-Salvador Dalí 5 | www.salvador-dali.org*

## LOW BUDG€T

In vielen Orten – beispielsweise in Portbou und Roses – können Sie in *bodegas* (Getränkeläden) preiswert katalanischen Sekt *(cava)* sowie Wein vom Fass kaufen. 1,5 l guten Landwein bekommen Sie schon für weniger als 2 Euro.

Kostenlosen Internetzugang bietet neben vielen Stadtbüchereien die *Casa del Cultura (Mo–Fr 17–21 Uhr, Sa 9–13 Uhr | Plaça Major)* in Llançà.

## ESSEN & TRINKEN

### DURÀN

Das Restaurant im gleichnamigen Hotel hat Gerichte mit frischen saisonalen Zutaten auf der Speisekarte. *Tgl. | C/ Lasauca 5 | Tel. 972501250 | www.restaurantduran.com* | €€€

### EL MOTEL

Das 1961 von Josep Mercader gegründete Traditionsrestaurant gilt als Wiege der neuen katalanischen Küche. Damals wie heute werden nur Landesprodukte von ausgesuchten Erzeugern verwendet, und noch immer stehen Gerichte des „Vaters der katalanischen Küche" auf der Karte, wie z. B. *El bacallà de Josep Mercader*, auf Holzkohle gegrillter Stockfisch auf Spinatbeet. *Tgl. | Av. Salvador Dalí i Domènech 170 | Tel. 972500562 | www.hotelemporda.com* | €€€

### SIDRERIA TXOT'S

Hauseigener Apfelcidre, dazu gibt's Weißbrothäppchen, Wurst, Käse und andere Kleinigkeiten. Ideal für zwischendurch. *Tgl. | Av. Salvador Dalí 114 | Tel. 972678523 | www.sidreriatxots.com* | €

## EINKAUFEN

In der Carrer Girona und in ihren kleinen Nebenstraßen finden Sie Geschäfte für Kleidung, Schuhe und Schmuck. Ein Obst- und Gemüsemarkt wird jeden Dienstag, Donnerstag und Samstag auf der Plaça Catalunya abgehalten. In der Carrer de Sant Pere können Sie Dalí-Reproduktionen kaufen.

## AM ABEND

Abends geht es in Figueres eher ruhig zu. In der Gegend um die Carrer Jonquera befinden sich Restaurants und Bars.

## ÜBERNACHTEN

### DURÀN
Angenehmes Hotel im Zentrum, nur wenige Gehminuten vom Dalí-Museum entfernt. Helle, großzügige Zimmer. *65 Zi. | C/ Lasauca 5 | Tel. 972501250 | www.hotelduran.com* | €€

### SIDORME
Die etwas außerhalb (Richtung Roses) gelegene Filiale einer spanischen Low-Cost-Kette bietet neben kostenlosem Parken Zimmer in funktionalem, aber etwas unpersönlichem Design. *82 Zi. | Ctra. de Roses Polígon Vilatenim Sud | Tel. 972501587 | www.sidorme.com* | €

Teatre-Museu Dalí: Labyrinth aus Räumen, Gängen und Höfen hinter Ei-Brot-Fassade

### LOS ÁNGELES
Preiswertes Hotel in der Altstadt. Das hilfsbereite und freundliche Personal macht die etwas altmodische Einrichtung wieder wett. Es werden auch Dreibettzimmer für Familien angeboten. *39 Zi. | C/ Barceloneta 10 | Tel. 972510661 | www.hotelangeles.com* | €

### PIRINEOS
Zurückhaltend modern möblierte Zimmer in funktionalem Bau. 500 m vom Dalí-Museum entfernt. *56 Zi. | Av. Salvador Dalí 68 | Tel. 972500312* | €€

## AUSKUNFT

### OFICINA DE TURISME
*Plaça del Sol | Tel. 972503155 | de.visitfigueres.cat*

## ZIELE IN DER UMGEBUNG

### PERALADA (124 B4) (*🕮 E4*)
Jährlich pilgern Tausende in das 7 km nordöstlich von Figueres gelegene mittelalterliche Dörfchen (1300 Ew.). Das Internationale Musikfestival *(www.festivalperalada.com)* im *Castell de Pe-*

*ralada* lockt die internationale Jazz-, Pop- und Klassikprominenz. Außerhalb der Festivalsaison lassen sich in der monumentalen, von Zwillingstürmen gekrönten Festungsanlage im ★ *Museu del Castell de Peralada (Führungen Sept.–Juni Di–So 10–12 und 16.30–18.30 Uhr, Juli/Aug. tgl. 10–20 Uhr | Eintritt 6 Euro | Plaça del Carme | www.museucastellperalada.com)* die mit über 80 000 Büchern größte Privatbibliothek Kataloniens, das Wein- sowie das Glasmuseum in einem ehemaligen Karmeliterkloster besichtigen. Die Anlage ist Teil des Weinresorts Peralada, zu dem auch ein mondänes *Casino (tgl. 20–4 Uhr | www.casino-peralada.com)*, ein Golfplatz und ein Hotel gehören.

### TERRA REMOTA BODEGA

(124 B3) *(🗺 E3)*

Bei der Wiederbelebung der alten Weinberge in Sant Climent Sescebes, 13 km nördlich von Figueres, hat die Familie Bournazeau architektonischen Mut bewiesen. Der schlichte, lang gestreckte Betonbau ihrer *bodega* hat nichts mit landläufiger Winzerromantik zu tun. Neben Besichtigung und Verkostung der Weine aus ökologischem, eigenen Anbau können Sie auch einen INSIDER TIPP Picknickkorb mit Schinken, Käse und Wein reservieren (42 Euro für 2 Pers.). *Mo–So 9–19 Uhr | Sant Climent Sescebes, 6 km Richtung Campany | Tel. 972193727 | www.terraremota.com*

# L'ESCALA

(127 E2) *(🗺 F6)* **Berühmt für seine Anchovis und die nahen Ruinen der griechisch-römischen Doppelstadt Empúries, mausert sich der kleine Fischerort L'Escala (5000 Ew.) im Sommer zu einem lebendigen Küstenstädtchen – mit einem halben Dutzend Gourmet- und Kulturfestivals.**

Am Hauptstrand befindet sich die touristische Infrastruktur, im Norden die sehenswerte Altstadt und hübsche Badebuchten.

## SEHENSWERTES

### CEMENTERIO DE L'ESCALA

„Schön in seiner Einsamkeit, einfach und nobel, weiß bedeckt, mit der Farbe des Friedens" – so beschrieb die katalanische Dichterin Caterina Albert diesen Friedhof, auf dem auch sie bestattet ist. *Meist geschl., Schlüssel im Rathaus | C/ Garbí 15*

### MUSEU DE L'ANXOVA I DE LA SAL (MASLE)

Das kleine Museum in einer ehemaligen Manufaktur von 1913 zeigt, wie Sardellen gefangen, eingelegt und verarbeitet wurden und werden. *Di–Sa 10–13 Uhr, So 11–13 Uhr | Eintritt 2,15 Euro | Av. Lluís Companys 1*

### PUNTA MONTGÓ

Ca. 4 km Richtung Süden liegt die leider etwas zugebaute, aber schöne und feinsandige Bucht *Cala Montgó*. Wenn Sie zur Ruine eines mittelalterlichen Wachturms hochlaufen, belohnt Sie ein weiter Blick übers Meer.

## ESSEN & TRINKEN

### EL ROSER 2

Seit vielen Jahrzehnten ist das Spitzenrestaurant für Meeresgerichte und hausgemachte Nachtische bekannt. *Mi- und So-Abend geschl. | Passeig Lluis Albert 1 | Tel. 972771102 | www.elroser2.com* | €€€

### LOS COMPADRES

Familiäre kleine Bar, in der Sie INSIDER TIPP gut Muscheln essen können. *Do geschl. | C/ Bonaire 13 | Tel. 972774796* | €

## EINKAUFEN

Markttage sind am Donnerstag und am Samstag auf der *Plaça Victor Catala*. Jeden Sonntag findet auf dem *Passeig del Mar* ein Kleidermarkt statt.

## FREIZEIT, SPORT & STRÄNDE

### FUNTASTIC EMPORDÀ

Tauchen, Segeln, Wasserski oder Wakeboard: Hier können Sie Zubehör leihen oder Kurse (auch Einzelstunden) nehmen. *Platja de Riells | Tel. 603575109 | www.funtastic-emporda.com.*

### STRÄNDE

Die schönsten Badebuchten liegen im Norden. Man erreicht sie zu Fuß auf dem *Camí Forestal*. Bei Touristen sehr beliebt ist die *Cala Montgó* im Süden.

## AM ABEND

Diskotheken und Bars finden Sie in erster Linie im Südteil des Ortes. In den Bars der Altstadt verkehren vor allem Einheimische.

## ÜBERNACHTEN

### CAN MIQUEL

Familiengeführtes Hotel am Montgó-Strand mit eigenem Tennisplatz. Ruhig, etwas außerhalb des Ortskerns. *34 Zi. | Platja de Montgó | Tel. 922771452 | www.canmiquel.com* | €€

### INSIDER TIPP HOSTAL SPA EMPÚRIES

Die Ruinen von Empúries liegen hinterm Haus, die kleine Bucht Portixol ist direkt vor der Tür: Die komplett umgebaute, vor hundert Jahren für Ärchaologen gebaute Unterkunft besticht nicht nur durch eine Traumlage, sondern auch durch modernes, nachhaltiges Design. Die schlichten Gartenbungalows mit den begrünten Dächern sind ebenso aus Ökomaterialien wie die Zimmer im Haupthaus. Das hauseigene Restaurant *Villa Teresitas* serviert Exzellentes aus regionalen Produkten, vom Spa aus guckt man in Kiefernwipfel. *34 Zi. | Platja de Portixol | Tel. 972770207 | www.hostalempuries.com* | €€€

Fischer in L'Escala: Der Ort ist berühmt für seine Anchovis

### VISTA ALEGRE

Die kleine Pension liegt direkt am Strand. Freundliches Personal, auch Vierbettzimmer für Familien. *16 Zi. | C/ El Cargol 16 | Tel. 607202580 | www.vistaalegre.cat* | €

## AUSKUNFT

### OFICINA DE TURISME

*Plaça de les Escoles 1 | Tel. 972770603 | www.visitlescala.com*

## ZIELE IN DER UMGEBUNG

### EMPÚRIES ★ (127 E1–2) (*🗺 F6*)

Zwischen den Ruinen der griechisch-römischen Hafenstadt, die bis ins 6. Jh. zurückgeht, können Sie auf gepflasterten Straßen zum kiefernbestandenen Strand spazieren und sich dank Audioguide das frühere Leben in einer der wichtigsten Hafenstädte des Mittelmeers vorstellen. Besonders eindrucksvoll sind die römischen Mosaiken und die Asklepios-Statue im Museum. *Juni–Sept. tgl. 10–20 Uhr, Okt.–Mai tgl. 10–18 Uhr | Eintritt 4,50 Euro | C/ Puig i Cadafalch | www.mac.cat*

### INSIDER TIPP SANT MARTI D'EMPÚRIES (127 E1) (*🗺 F6*)

Ein Spaziergang am Meer Richtung Norden führt nach 3 km zu diesem Dorf. Schon im 9. Jh. gründeten Fischer hier eine heilige Stätte. Sehenswert sind die gotische Kirche und das alte Forsthaus auf einem Hügel am Dorfrand.

# LLANÇÀ

(125 D3) (*🗺 G3*) **Llançàs Ortskern wurde aus Angst vor Piraten ein paar Kilometer vom Hafen landeinwärts gelegt. Heute wirkt der Ort (4000 Ew.) sehr zersiedelt, es gibt kaum noch Baulücken.** Die Nähe zu den Bergen des Albera-Massivs mit seinen Eichen- und Buchenwäldern, Burgruinen und alten Dolmengräbern macht Llançà für Gäste attraktiv, die Strand- mit Wander- oder Mountainbike-Urlaub verbinden möchten.

## SEHENSWERTES

### EL CAMPANAR

Romanischer Turm der ursprünglichen Sant-Vicenc-Kirche. Davor eine riesige Platane, ein sogenannter Freiheitsbaum, der 1870 in Gedenken an die Französische Revolution gepflanzt wurde. *Plaça Major*

### ESGLÈSIA DE SANT VICENÇ

Auffallend an der Barockkirche ist die große Haupttreppe. *Plaça Major 1*

## ESSEN & TRINKEN

### INSIDER TIPP ELS PESCADORS

Großes, lichtes Terrassenrestaurant mit Blick auf den Hafen, betrieben von Mit-

gliedern des Kollektivs *La cuina del vent*, das nachhaltig angebaute Landesprodukte verwendet. Hier gibt es alles, was das Meer bietet, und hausgemachte Desserts. *So-Abend und Mo geschl. | C/ Castellar 41 | Tel. 972380125 |* €€€

### EL VAIXELL

Sterneverdächtiges Restaurant mit erschwinglichen Degustationsmenüs. Gekocht wird fast ausschließlich mit regionalen Produkten. *Mo geschl. | C/ Castellar 62 | Tel. 972380295 | www.elvaixell.com |* €€

## EINKAUFEN

Mittwochs ist immer Markttag. Die regionale Spezialität *garnatxa*, einen hier angebauten Süßwein, können Sie an jedem Wochentag kaufen.

### BOUTIQUE CORAL

Korallenschmuck aus eigenem Atelier. *Plaça Major 2 | www.boutiquecoral.cat*

## FREIZEIT, SPORT & STRÄNDE

### CENTRE D'IMMERSIÓ

Tauchgänge mit dem eigenen Katamaran. Auch komplette Tauchurlaube. *C/ Martinez Lozano 9 | Tel. 972120000 | www.cicapcreus.com*

### MOTO BIKE CENTER

Geführte Mountainbike-Touren durchs bergige Hinterland, in unterschiedlichen Schwierigkeitsgraden. *C/ Olot 7 |*

Ruinenfeld Empúries: steinerne Reste einer einst blühenden Hafenstadt

*Tel. 972121889 | motobike_center@hotmail.com*

### SK-KAYAK

Hier können Sie Boote für Meereskajak leihen und zweitägige Kurse buchen, auch für Kinder. Kleinkindbetreuung. *Passeig Marítim 4 | Tel. 972121112 | www.kayakcostabrava.com*

Grandiose Blicke auf Buchten und Berge bietet die Benediktinerabtei Sant Pere de Rodes

### STRÄNDE

Die örtliche Küste ist sehr felsig, es gibt viele kleine Buchten, meist ohne Infrastruktur wie sanitäre Anlagen, Kiosk oder Strandaufsicht. Am 170 m langen Strand *Grifeu,* etwa 2 km Richtung Portbou, finden Sie auch Duschen und WCs. Er wird täglich gereinigt.

## ÜBERNACHTEN

### HOTEL BERI

Preisgünstiges, zentral gelegenes Hotel mit hauseigenem Parkplatz und Swimmingpool auf dem Dach. *60 Zi. | La Creu 17 | Tel. 972380198 | www.hotelberi.com* | €

### HOTEL CARBONELL

Das familiengeführte Hotel mit hübschem kleinem Innenhof, Leseecken, Gym und Dachterrasse ist zentral und ruhig im alten Teil der Stadt gelegen. Die Zimmer sind hell und modern eingerichtet, es gibt auch Fünfbettzimmer. *34 Zi. | C/ Major 19 | Tel. 972380209 | www.hotelcarbonell.es* | €€

### HOTEL GRI-MAR

Das inmitten einer schönen Gartenanlage liegende Hotel ist inzwischen zwar etwas in die Jahre gekommen, punktet aber mit Extras wie Swimmingpool, Outdoor-Restaurant und Tennisplatz. Die Zimmer haben Balkone mit Blick auf den Garten. *45 Zi. | Ctra. Nacional 260 | Tel. 972380167 | www.hotelgrimar.com* | €€

## AUSKUNFT

**PATRONAT MUNICIPAL DE TURISME**
*C/ Camprodon 16–18 | Tel. 972380855 | www.visitllanca.cat*

## ZIELE IN DER UMGEBUNG

**INSIDER TIPP EL PORT DE LA SELVA**
(125 E3) (*G4*)
Auf einer kurvigen Landstraße gelangt man nach 7 km nach El Port de la Selva. In dem vor allem bei katalanischen Sommerfrischlern beliebten Ort sind die weißen Gebäude auf Wohnhaushöhe geblieben, und im Hafen dümpeln mehr Fischerboote als Yachten. Ein geruhsamer Platz, um am Meer zu wandern oder im flachen Wasser zu baden. Fisch essen können Sie gut im *Ca L'Herminda (tgl. | C/ Illa 7 | Tel. 972387075 | €€€)*. Unbedingt reservieren! Im Ortszentrum liegt das Hotel *Porto Cristo (52 Zi. | C/ Major 59 | Tel. 972387062 | www.hotelportocristo.com | €€€)*, ein ehemaliges Bauernhaus, das laufend renoviert wird. Mit Spa.

**SANT PERE DE RODES**
(125 D4) (*G4*)
Der Blick von der 878 gegründeten Benediktinerabtei über das Meer, die Buchten, die Berge und die im Tal liegende Ortschaft El Port de la Selva ist besonders INSIDER TIPP bei Sonnenuntergang ein beeindruckendes Erlebnis. Aber auch die Abtei selbst ist mehr als einen Blick wert. In der zum nationalen Kulturgut erklärten Klosteranlage, die rund 15 km von Llançà entfernt liegt, sind Kirche, Glocken- und Verteidigungsturm großartige Beispiele für die romanische Architektur in der Provinz Girona. Mit kleinem Restaurant. *Juni–Sept. Di–So 10–19 Uhr, Okt.–Mai Di–So 10–17.30 Uhr | Eintritt 4,50 Euro, Parkplatzgebühr 1,50 Euro*

# PORTBOU

(125 D2) (*G2*) **Am Grenzort Portbou, einem beschaulichen Dorf mit nur 1100 Einwohnern, das an einer engen Bucht liegt, beginnt offiziell die Costa Brava.**
In den 1930er-Jahren war der Ort Sammelpunkt für deutsche und französische Emigranten, etwas Melancholisches haftet dem Ort bis heute an.

## SEHENSWERTES

**BAHNHOF**
Das imposante Gebäude, eine Eisenkonstruktion mit 14 ausladenden Rundbögen, wurde 1929 von Gustave Eiffel entworfen. Bahnreisende aus Frankreich mussten hier früher warten, da die Achsen der Züge am Grenzbahnhof auf spanische Spurweite umgestellt wurden.

**CEMENTERIO MUNICIPAL**
Das Grab mit der Nummer 563 auf dem städtischen Friedhof birgt die sterblichen Reste des deutschen Philosophen und Schriftstellers Walter Benjamin (1892–1940). Er nahm sich auf der Flucht vor den Nazis in Portbou das Leben. 1994 errichtete der israelische Künstler Dani Karavan ein Denkmal für Benjamin: Die begehbare Landschaftsskulptur *Passatges* besteht aus zwei Treppen aus rostigem Stahl, von denen die Stufen der einen unvermittelt abbrechen, während die zweite Treppe unterirdisch fast bis auf Meereshöhe in eine Art Korridor hinunterführt. Dort befindet sich auch eine Gedenktafel für Benjamin.

**STRANDSPAZIERGANG**
Vom Touristenbüro aus nach Norden windet sich ein Weg um Felsen und Buchten bis zur *Platja del Pi*. In den folgenden Buchten können Sie Höhlen entdecken.

## ESSEN & TRINKEN

### PASSATGES

Terrassenrestaurant mit Blick auf die Bucht. Mittelmeerküche mit viel Fisch und Muscheln, auch Steaks. *Mo geschl. | Passeig de la Sardana 7 | Tel. 972390071 | €€*

## ÜBERNACHTEN

### HOSTAL COSTA BLAVA

Schlichte, kleine Pension, nur 100 m vom Strand entfernt. Auf der Terrasse (mit Bar) kann man den Tag beschaulich ausklingen lassen. *21 Zi. | C/ Cervera 20 | Tel. 972390386 | €*

## AUSKUNFT

### OFICINA DE TURISME DE PORTBOU

*Passeig Lluís Companys | Tel. 972125161 | www.portbou.cat*

## ZIEL IN DER UMGEBUNG

### COLERA (125 D2) (*F–G3*)

Südlich von Portbou, ca. 6 km in Richtung Llançà, liegt das kleine Dorf Colera (450 Ew.). Hierher verirren sich nur wenige Besucher. Dabei hat der Ort einen schönen Strand, die *Platja de Garbet*.

# ROSES

(125 D–E5) (*G5*) **Die Stadt an der gleichnamigen weiten Bucht (12 000 Ew.) mit ihren langen, weißen Stränden wurde schon 400 Jahre v. Chr. von den Griechen besiedelt.**

Ab Mitte der 1960er-Jahre fasste der Tourismus Fuß und veränderte den Ort nachhaltig. Die weite Ebene hinter dem Meer gewährte Platz für die Infrastruktur einer Ferienindustrie, die jährlich Millionen von Urlaubern anzieht. So bietet *Roses* zwar alles, was sich Strandurlauber wünschen, doch seinen ursprünglichen Charakter hat es nicht bewahren können.

## SEHENSWERTES

### CIUTADELLA

Im 5. Jh. v. Chr. bauten die Griechen hier einen Stützpunkt, danach wurde die Festung laufend erweitert. Zu jeder Epoche sind archäologische Ausgrabungsstätten zu sehen, von den ersten hellenischen Siedlungen über römische Stadtviertel und frühmittelalterliche Klosteranlagen bis zur Nutzung durch die Franzosen während des spanisch-französischen Krieges. Auf dem über 130 000 m² großen Areal liegt auch ein sehenswertes, modernes Geschichtsmuseum, direkt am monumentalen Eingangstor Porta de Mar.

Bucht von Roses aus der Vogelperspektive: kilometerlange weiße Sandstrände, grünes Hinterland

*Okt.–Mai Di–So 10–18 Uhr, Juni/Sept. tgl. 10–20 Uhr, Juli/Aug. tgl. 10–21 Uhr, mehrere Führungen pro Tag, auf Deutsch nach Voranmeldung | Eintritt 4 Euro | Av. de Rhode | Tel. 972151466*

### PARC MEGALÍTIC DE ROSES

Streifzug durch die Frühgeschichte: Im Nationalpark westlich der Bucht von Roses spazieren Sie auf verschiedenen Routen zu Dolmen, Menhiren (Steinblöcken) und Steingräbern aus der Zeit 4000–2500 v. Chr. Karten hat das Tourismusbüro.

### PUIG ROM

Im Osten der Bucht von Roses erhebt sich der 225 m hohe Puig Rom. Vom Gipfel haben Sie den besten Blick über Bucht und Stadt. Ein 4 km langer Spaziergang führt von der Ciutadella zum Aussichtspunkt. Im *Touristenbüro* ist ein Prospekt mit weiteren Wanderwegen erhältlich.

## ESSEN & TRINKEN

### ALMADRABA PARK

Im eleganten Restaurant des gleichnamigen Hotels kann man, mit phantastischem Meerblick, die bei Roses gefangenen Shrimps probieren. Ansonsten gibt es *suquet*, ein traditionelles Fischergericht aus Fisch und Kartoffeln, sowie diverse Fleischgerichte. *Tgl. | Av. Díaz Pacheco 70 | Tel. 972256550 |* €€€

### LA CROQUETA

Die auf heißem Stein gebratenen Steaks sind köstlich, die Kroketten hausgemacht, der Service aufmerksam und kinderfreundlich. Biofleisch aus der Region. *Di–Sa 11–16 und 19–23 Uhr, So 11–16 Uhr |*

*C/ d'en Mairó 56 | Tel. 972 15 12 50 | www.lacroqueta.cat* | €€

**EL JABALÍ**
Traditionsrestaurant mit klassischer katalanischer Küche und kleiner Terrasse. Gekocht wird mit den frischen Produkten des örtlichen Marktes. *Mi geschl. | C/ Jacinto Benavente 9 | Tel. 972 25 65 25* | €€

**HOLA QUE TAL**
In der Bar gibt's leckere Tapas, nur 100 m vom Strand entfernt. *Tgl. | C/ Castell de la Trinitat 89 | Tel. 698 82 18 99* | €

**SÓDEMAR**
Klassische, katalanische *mar i muntanya*-Küche, z. B. mit Langusten gefüllte Schweinefüße. Blick auf den Yachthafen. *Mo geschl. | Port Nautic de Roses 5–7 | Tel. 972 15 20 34* | €€

## EINKAUFEN

Shoppen können Sie am besten in der Carrer Doctor Pi i Sunyer, sonntags auch auf dem Kleidermarkt *Mercat de Granvia Pau Casalas (Granvia Pau Casalas)* und dem Gemüsemarkt *Mercat de Carrer Maria Benlliure (C/ Maria Benlliure)*.

## FREIZEIT, SPORT & STRÄNDE

**ROSES SUB DIVING CENTER**
Gut ausgerüstetes Center mit diversen Tauchkursen in der Nähe von Roses und am Cap de Creus, auch zu Wracks. *C/ d'Eugeni d'Ors 15 | Tel. 972 15 24 26 | www.rosessub.com*

**STRÄNDE**
Roses hat einen kilometerlangen Strand. Kleinere Badebuchten finden Sie in Richtung Osten, hinter dem Fischereihafen. Besonders schön ist dort der kleine, familienfreundliche Strand *Platja de Canyelles Petites*. Wer Ruhe sucht, fährt zur geschützten *Cala Montjoi* östlich der Stadt.

## ÜBERNACHTEN

**HOTEL CANYELLES PLATJA**
Der Strand *Canyelles Petites* liegt direkt auf der anderen Seite der Straße, die meisten der hell und modern eingerichteten Zimmer haben Meerblick. Zur Hochsaison, wenn Partygänger am Strand feiern, zuweilen etwas laut. Haustiere erlaubt. *100 Zi. | Av. Díaz Pacheco 7–9 | Tel. 972 25 65 00 | www.hotelcanyelles.com* | €€

**HOTEL CASA DEL MAR**
Gepflegtes Familienhotel in der Stadt, nur 300 m zum Strand. Freundliche Zimmer, schöner kleiner Garten. *Mitte Okt.–Ende März geschl. | 17 Zi., 11 Apartments | C/ Canigó 23–25 | Tel. 972 25 64 50 | www.hotel-casadelmar.com* | €

INSIDER TIPP **VISTABELLA**
Malerisch auf einem Felsvorsprung zwischen der *Platja de Canyelles Petites* und der Platja Bonifaci gelegen, mit mehreren Restaurants und Spa. *30 Zi. | Av. de José Díaz Pacheco 26 | Tel. 972 25 62 00 | www.hotelvistabella.com* | €€€

## AUSKUNFT

**OFICINA MUNICIPAL DE TURISME**
*Av. de Rhode 77–79 | Tel. 972 25 73 31 | www.visit.roses.cat*

## ZIELE IN DER UMGEBUNG

**CASTELLÓ D'EMPÚRIES**
(124 C5) (*F4–5*)
11 km landeinwärts (Richtung Figueres) liegt die frühere Residenz der Grafen von Empúries. Die hohen Herren haben einen Palast und dicke Mauern um

Venedig an der Costa Brava? Wasserstraße in der künstlichen Lagunenstadt Empúriabrava

den kleinen Ort (2500 Ew.) hinterlassen. Einen Besuch lohnt vor allem die *Basílica de Santa Maria* aus dem Jahr 1067 mit einem fast 70 m hohen Turm. Besonders sehenswert: die gotische Fassade und das Säulenportal mit den zwölf Aposteln. Im September findet alljährlich in der Altstadt ein Troubadourfestival statt *(www.terradetrobadors.com)*. Romantisch und zentral residiert man im Hotel *Canet (22 Zi. | Placa Joc de la Pilota 2 | Tel. 972250340 | www.hotelcanet.com | €€)*. Auskunft: *Oficina de Turisme (C/ Sant Francesc 5–1 | Tel. 972156233 | www.castelloempuriabrava.com)*

## EMPÚRIABRAVA (124 D5) (*F5*)

Wo früher Kühe grasten, entstand 1967 nach langen Debatten 11 km von Roses entfernt eine Lagunenstadt mit künstlichen Kanälen und 2500 Bootsanlegern. Ursprünglich sollte hier eine Yachthafensiedlung für 60 000 Menschen angelegt werden, Proteste von Umweltschützern verhinderten das. Die Feriensiedlung mit mehr als 24 km Länge Wasserstraßen sowie vielen touristischen Einrichtungen ist nun zum beliebten Revier für Dauerurlauber geworden.

## PARC NATURAL DELS AIGUAMOLLS DE L'EMPORDÀ ★

(124–125 C–D 5–6) (*F5*)

Mit knapp 4800 Hektar Fläche zählt dieser Naturpark rund um die Mündungen der Flüsse Muga und Fluvia zu den größten Feuchtgebieten Kataloniens. Er ist Station für Tausende Zugvögel auf ihrem Weg in den Süden respektive Norden; Fischotter und Weißstörche haben sich dauerhaft angesiedelt. Im Infozentrum des Parks *(Juli/Aug. tgl. 9–18.30 Uhr, Sept.–Nov. und April/Mai Mo–Fr 9–16 Uhr, Sa/So 9–18.30 Uhr, Dez.–März tgl. 9–16 Uhr | Cortalet | etwa 12 km von Roses, Ctra. de Sant Pere Pescador km 13,6 | www.parcsdecatalunya.net)* gibt's Prospekte und Karten sowie Ferngläser zum Ausleihen. Zwei ausgeschilderte Routen mit Aussichtspunkten über die Lagunen lassen sich mit einem Spaziergang am nahen Strand kombinieren.

# BAIX EMPORDÀ

**Nirgendwo anders an der Costa Brava ist das Land so vielfältig wie hier. Historische Stätten, Kultur- und Naturerlebnisse, dazu eine exzellente Gastronomie – das Baix Empordà bietet von allem etwas.**

Die Iberer haben sich 800 Jahre vor der christlichen Zeitrechnung in den fruchtbaren Ebenen um den Rio Ter eingerichtet und eine Kultur entwickelt, die eine der Wiegen Spaniens ist. Das Land selbst ist ein großer Garten mit Korkeichen- und Pinienwäldern, Weinhängen, Olivenhainen, Getreidefeldern und Ackerland. Im Hinterland erinnern mittelalterliche Dörfer und stolze Gutshöfe an vergangene Zeiten. An der Küste befinden sich die schönsten Badeplätze: lang gestreckte Strände am flachen Schwemmland und romantische, von Felsen umgebene Badebuchten. Im Sommer wird es hier voll: Einsamkeit suchen Sie an der Küste dann vergebens.

## BEGUR

(127 F5) (*G9*) **Umgeben von mit Pinien bedeckten Hügeln und nur einen Katzensprung entfernt von Buchten mit kristallklarem Wasser, liegt das gepflegte Städtchen Begur (3500 Ew.).**

Die Bewohner haben den Ort für den Tourismus herausgeputzt und dabei trotzdem seinen dörflichen Charakter erhalten. Früher blühte in diesem Landstrich der Handel mit Korallen, später lebten die Menschen vorwiegend von der

 Bild: Calella de Palafrugell

## Landschaft mit vielen Gesichtern: hübsche Städtchen, Pinienwälder, die schönsten Buchten und exzellente Gastronomie

Korkindustrie. Ihr Niedergang zwang viele Einwohner in die Emigration nach Südamerika. Die Rückkehrer brachten einen gewissen Wohlstand mit, der noch heute in den *casas de los indianos,* stattlichen Häusern mit Arkaden, in einigen Straßen des Ortes fortlebt.

### SEHENSWERTES

**CASTELL DE BEGUR**
Schon im 11. Jh. war der Hügel oberhalb des Ortskerns befestigt. Im 15. Jh. wurde hier eine Burg errichtet, die später im Spanisch-Französischen Krieg zerstört wurde. Geblieben ist wenig mehr als eine Ruine, von der man jedoch einen grandiosen Blick über Begur und seine Umgebung genießt.

**ESGLÉSIA SANT PERE**
Kleine gotische Kirche aus dem 16. und 17. Jh. Sie bildet zusammen mit den Plätzen *Plaça d'Església* und *Plaça de la Vila* ein pittoreskes Zentrum mit gemütlichen kleinen Cafés.

Aiguablava: Die schöne Bucht mit ihrem klaren blauen Wasser heißt nicht umsonst so

### MIRADOR SANT RAMON

Unterhalb der Burgruine können Sie an der *Plaça Sant Ramon* von diesem Aussichtspunkt schöne Blicke auf Begur und seine Buchten genießen.

## ESSEN & TRINKEN

### EL PATÍ BLAU

Marktfrische Küche mitten in der Altstadt. Besonders hübsch: der Innenhof, besonders lecker: der gegrillte Fisch. Auch Pizza und Pasta. *Do mittags geschl. | C/ Concepció Pi | Tató 3 | Tel. 972623505* | €€

### FONDA CANER

Restaurant mit Terrasse, schönem Ambiente und regionaler Küche mit Produkten aus Meer und Land. Hausgemachte Desserts. *Tgl., Nov.–März geschl. | C/ de Pi i Ralló 10 | Tel. 972622391* | €€

### INSIDER TIPP ROSTEI

Ein alter Glyzinienbaum breitet sich über die Terrasse des Restaurants, das in einem Gebäude aus dem Jahr 1849 untergebracht ist. Umso zeitgemäßer wird in der Küche hantiert: mit regionalen und frischen Marktprodukten. Dabei stehen Fischgerichte im Mittelpunkt, die Desserts sind hausgemacht. *Mo geschl. | C/ de Concepció Pi 8 | Tel. 972622704 | www.restaurantrostei.com* | €€–€€€

## EINKAUFEN

Im Sommer findet sonntags auf der Plaça de la Vila ein Kunsthandwerksmarkt statt. Die Altstadt bietet einige originelle Modeläden, z. B. *El Taller (C/ Concepció Pi i Tató 1 C | Tel. 972624091)* oder *Mima't (C/ Bonaventura Carreras 12 | Tel. 646665795)*.

## FREIZEIT & SPORT

Von Begur aus können Sie eine 9 km lange INSIDER TIPP Rundwanderung über den *Mirador de la Creu* mit weitem Küstenblick nach *Aiguafreda* und zurück nach Begur unternehmen. Ausgangspunkt ist die *Masia d'en Pinc (Passeig de Carmen Amaya)* der Flamencotänzerin Carmen Amaya. Das Touristenbüro hält ein Faltblatt über die Wanderung bereit.

## AM ABEND

Nachteulen schwärmen zu Bars in Begur und Hotelrestaurants an den Buchten. Im Sommer werden zudem überdachte Terrassen aufgebaut – für Konzerte oder einen Drink.

## ÜBERNACHTEN

**INSIDER TIPP AIGUACLARA**

Das Hotel in der ehemaligen Villa eines Amerika-Rückkehrers von 1866 besticht durch individuell und stilvoll eingerichtete Zimmer. Auch die Wahl des Küchenchefs beweist guten Geschmack: Genís Moreno serviert kreative Mittelmeerküche. *10 Zi. | C/ Sant Miquel 2 | Tel. 972622905 | www.aiguaclara.com | €€€*

**HOTEL ROSA**

Zentral gelegenes, familiäres Haus mit gemütlichem Restaurant und Dachterrasse. *23 Zi. | C/ Pi i Ralló 19 | Tel. 972623015 | info@hotel-rosa.com | €€*

## AUSKUNFT

**OFICINA MUNICIPAL DE TURISME**

*Av. Onze de Setembre 5 | Tel. 972624520 | www.begur.cat*

## ZIELE IN DER UMGEBUNG

**CAP DE BEGUR ★** (127 F5) *(G9)*

Wie an einer Perlenkette reihen sich am Kap von Begur traumhafte Buchten aneinander. ● *Aiguafreda* und *Sa Tuna,* herrlichen, von Felsen und Pinien eingerahmten Buchten, folgen, nach einer Fahrt über eine enge kurvige Straße südlich von Begur nach etwa 5 km, *Fornells, Aiguablava, Aiguaxelida* und das Dorf *Tamariu*.

**INSIDER TIPP** *Aiguablava* trägt seinen Namen „blaues Wasser" vollkommen

## MARCO POLO HIGHLIGHTS

**★ Cap de Begur**
Bei Begur liegen die schönsten Badebuchten → S. 53

**★ La Bisbal**
Der ruhige Ort ist das Zentrum spanischer Keramikkunst. Ein Erlebnis ist auch der Freitagsmarkt → S. 54

**★ Peratallada**
Im mittelalterlichen Dorf ist fast alles wie früher → S. 56

**★ Ullastret**
In dieser Iberersiedlung steht die Wiege Spaniens → S. 56

**★ Casa-Museu Castell Gala Dalí**
Im Schloss Púbol war Dalí König. Und seine Frau Gala die Prinzessin, wie die Einrichtung zeigt → S. 56

**★ Palamós**
Ein Städtchen zum Zurücklehnen → S. 57

**★ Sant Feliu de Guíxols**
Familiärer Ort ohne Touristenrummel → S. 63

**★ Museu de la Mediterrània**
Im besten Kulturzentrum an der Costa Brava erfahren Sie alles rund ums Mittelmeer → S. 66

zu Recht: Nirgendwo anders an der Costa Brava ist das Meer so blau, klar und sauber wie an dieser schönen Bucht. Auf einem Felsen oberhalb von Aiguablava liegt das moderne, zur staatlichen Paradores-Kette gehörende Hotel *Parador de Aiguablava (85 Zi. | Platja D'Aiguablava | Tel. 972622162 | parador.es | €€€)* mit weitem Blick über die Küste.

**PALS** (127 E4) *(G8–9)*
Mit seinen restaurierten Bauten ist das 5 km westlich von Begur gelegene Dörfchen Pals (1700 Ew.) ein mittelalterliches Kleinod. Auf dem Dorfplatz *Plaça Major*, zwischen der romanischen Kirche *Sant Pere* und den trutzigen Festungsmauern, scheint die Zeit stehen geblieben zu sein. Im urigen Restaurant *El Pedró (Do geschl. | C/ Placeta d'en Bou 29 | Tel. 972636983 | www.elpedropals.com | €€)* gibt es exzellente katalanische Küche. Unterhalb von Pals breitet sich ein langer, etwas grobkörniger Strand aus, der wegen seines leichten Einstiegs auch für Kinder gut geeignet ist. Angenehm übernachten Sie im *Hostal Barris B&B (16 Zi. | C/ Enginyer Algarra 51 | Tel. 972636702 | www.hostalbarris.com | €)* vor den Stadtmauern.

# LA BISBAL

(127 D4–5) *(E–F9)* **Die meisten Besucher kommen auf der Suche nach schöner Keramik in das beschauliche, ehemalige Bischofsstädtchen ★ La Bisbal (8000 Ew.) am Rio Daró.**

Bereits im 16. Jh. wurden in Bisbal Töpferwaren hergestellt, ab dem 19. Jh. auch in industrieller Großfertigung. Seit 1972 gibt es hier eine berühmte Keramikschule, in der Design und Technik gelehrt werden. Die von sanften Hügeln und den Ausläufern des Gavarres-Massivs durchzogene, fruchtbare Ebene eignet sich gut für Radtouren und Wanderungen.

## SEHENSWERTES

**CARRER DEL CALL**
In den engen Gassen im Herzen des ehemaligen jüdischen Viertels haben sich rund um die Carrer del Call viele kleine Geschäfte angesiedelt.

**CASTELL PALAU DE LA BISBAL**
Im Mittelalter hatten die Bischöfe Gironas in Bisbal ihren Sitz. Ihr Festungspalast wurde im 11. Jh. im romanischen Stil errichtet und danach immer wieder erweitert. Sie können die frühere Wohnung des Bischofs mit Küche, Weinkeller, Pferdestall und Vorratskammern sowie das Gefängnis des Palasts besichtigen. Im Kastell ist auch das historische Archiv untergebracht. *Sommer Di–Sa 10–14 und 17–20.30 Uhr | Eintritt 2 Euro | Plaça del Castell*

**TERRACOTTA MUSEU DE CERÁMICA INDUSTRIAL**
Das Museum in einer ehemaligen Produktionsstätte für Keramik erklärt anschaulich Arbeitstechniken und Bedeutung der Keramik für die Region. *Sept.–Juni Di–Fr 10–13 und 16–19 Uhr, Sa 10–14 und 17–20 Uhr, So 10–14 Uhr, Juli/Aug. Mo–Sa 10–14 und 17–20.30, So 10–14 Uhr | Eintritt 4 Euro | C/ Sis d'Octubre 99*

## ESSEN & TRINKEN

**DIVINUM**
Das unter den Arkaden gelegene kleine Restaurant bietet gute Tagesmenüs und ein wöchentliches Tapas-Büffet. *So geschl. | Av. de les Voltes 19 | Tel. 628198828 | €*

### LA CANTONADA

Kleines, gut besuchtes Restaurant mit ambitionierter Küche, auch vegetarische Gerichte und ein täglich wechselndes Drei-Gänge-Menü stehen auf der Speisekarte. Achtung: Unter der Woche wird nur mittags gekocht, am Wochenende auch abends. *Di geschl. | C/ del Bisbe 6 | Tel. 972643413 | €*

## ÜBERNACHTEN

### CASTELL D'EMPORDÀ

Auf einer Anhöhe etwas außerhalb des Ortes, inmitten von Steineichen und Olivenbäumen. Das Hotel ist in einem alten Gutshof untergebracht, den ursprünglich Dalí kaufen wollte. Antike Möbel, historische Gemäuer und weite Blicke über die Landschaft, INSIDER TIPP besonders vom Turmzimmer, machen das Hotel zu etwas Besonderem. *14 Zi. | Castell d'Empordà | Tel. 972646254 | www.castelldemporda.com | €€€*

Handarbeit: Keramik aus La Bisbal hat eine jahrhundertelange Tradition

### HOTEL MAR DE TASMANIA

Kleines Hotel am Fluss, mit geschmackvoll eingerichteten Zimmern und freundlichem Personal. *6 Zi. | Plaça Francesc Macià 1 | Tel. 972640521 | www.hotelmardetasmania.es | €€*

## EINKAUFEN

### ANTIC I FONOS

Das Antiquitätengeschäft ist auf alte Grammophone spezialisiert. *C/ l Aigueta 50 | www.anticfonos.com*

### CARRER AIGÜETA

Suchen Sie noch ein Mitbringsel? An dieser Richtung Girona führenden Ausfallstraße stellen unzählige Keramikgeschäfte ihre Waren aus.

### FREITAGSMARKT

In der Altstadt gelegener Markt mit landestypischen Produkten wie Öl, Wein und Wurstwaren. *Fr 8–14 Uhr | Plaça del Castell*

## AUSKUNFT

### OFICINA DE TURISMO

*Edifici Torre Maria | C/ Aigüeta 17 | Tel. 972645500 | www.visitlabisbal.cat*

Vorzeigeort: In Peratallada blieb jeder Stein so, wie er im Mittelalter gesetzt wurde

## ZIELE IN DER UMGEBUNG

### CASA-MUSEU CASTELL GALA DALÍ ★ (126 C4) (*E8*)

Das mittelalterliche Schloss in Púbol, das Salvador Dalí 1971 seiner Gattin und Muse Gala kaufte, ist ein Gegenpol zu Port Lligat. Der üppige Garten mit den stelzenbeinigen Elefanten trägt zwar Dalís Handschrift, auch einige der Säle zieren esoterische Sinnbilder und Wandmalereien des Künstlers; in erster Linie aber war der Ort Refugium für die vom Trubel um den großen Exzentriker gestresste Gala. *Mitte März–Mitte Juni und Mitte Sept.–Okt. Di–So 10–18 Uhr, Nov.–Dez. Di–So 10–17 Uhr, Mitte Juni–Mitte Sept. tgl. 10–20 Uhr | Eintritt 8 Euro | www.salvador-dali.org*

### INSIDER TIPP CRUÏLLES (127 D5) (*E9*)

Wenn Sie von La Bisbal auf der GI 664 nach Westen fahren, erreicht man nach etwa 4 km Sant Miquel de Cruïlles, ein Ensemble gut erhaltener Burg-, Kirchen- und Klosterruinen, die zum Teil noch aus dem 11. Jh. stammen. Die landschaftlich reizvolle Umgebung um Cruïlles bietet sich für Wanderungen und Picknick an.

### PERATALLADA ★ (126 D–E4) (*F8*)

Etwa 6 km östlich von Bisbal liegt dieses Dorf (500 Ew.), das eigentlich kein „echtes" Dorf mehr ist: Hier wohnen wohlhabende Ausländer und Barceloneser. Sie haben darauf geachtet, dass jeder Stein so bleibt, wie er im Mittelalter gesetzt wurde. So ist ein Vorzeigeort entstanden, mit winkeligen Gassen, Blumen in den Fenstern und auffallend vielen Restaurants, aber ohne krähende Hähne.

### ULLASTRET ★ (127 D4) (*F8*)

Als die Griechen im 5. Jh. v. Chr. die Gegend erreichten, fanden sie bereits Siedlungen der Iberer vor. Eine von ihnen war Ullastret, 9 km nördlich von Bisbal. Hier gab es offensichtlich ein gut organisiertes Gemeinwesen: Es bestanden Befestigungsanlagen, und Vorratsspeicher sorgten bei schlechten Ernten für Nachschub. Münzfunde belegen einen blühenden Handel. Heute wirkt diese auf einem Hügel gelegene Anlage, umgeben von schlanken Zypressen und knorrigen Olivenbäumen, wie ein Park. Ein kleines Museum informiert über die Ursprünge der iberischen Kultur. *Juni–Sept. Di–Sa 10–20 Uhr, Okt.–Mai Di–Sa 10–14 und 15–18 Uhr | Eintritt 2,30 Euro | Tel. 972179058*

# PALAMÓS

(129 F2) (*F–G10*) **Bereits im 16. Jh. war ★ Palamós eine reiche Stadt, dank Korkindustrie und Fischerei.**
Dem Meer verdankt die Stadt auch heute noch alles: Am Hafen läuft eine der größten Fischfangflotten der Costa Brava aus, Urlauber freuen sich über feine Sandstrände und eine gute touristische Infrastruktur.

## SEHENSWERTES

### ESGLÉSIA SANTA MARIA

Die spätgotische Kirche bestimmt mit ihrem quadratischen Turm und dessen pyramidenartigen Dach die Stadtsilhouette. Der Altar ist mit Gemälden der flämischen Schule geschmückt. *Plaça de l'Església*

### INSIDER TIPP MUSEU DE LA PESCA

Der Stolz der Bewohner von Palamós ist das Fischereimuseum. Aufwendig gestaltet, präsentiert es alles, was mit Fischerei zu tun hat: Geschichte, Gerätschaften, Fangmethoden, das soziale Leben der Fischer oder Anekdoten. Das Museum organisiert auch eine Vielzahl von Aktivitäten: von einem Tagesausflug mit Gambas-Fischern über Kochkurse bis zu Führungen durch den Port de Pesca zur täglichen Fischversteigerung in der *ilotja* – einem sehenswerten Schauspiel: Ab 17 Uhr sitzen die Händler auf einer Tribüne, auf einem Fließband gegenüber wird der Fang präsentiert. Die Händler schauen nicht direkt in die Fischkisten, sondern in einen darüber angebrachten Spiegel. So können sie den Fang noch besser inspizieren, und das Gefeilsche beginnt. *Juli/Aug. tgl. 10–21 Uhr, Okt.–April Di–Sa 10–13.30 und 15–19, So 10–14 und 16–19 Uhr, Mai, Juni, Sept. Mo–Fr 10–13.30 Uhr und 15–19 Uhr, Sa/So 10–14 Uhr und 16–19 Uhr | Eintritt 5 Euro | Moll Pesquer | www.museudelapesca.org*

## ESSEN & TRINKEN

### CELLER DE LA PLANASSA

Das familiengeführte Restaurant gehört zum Kochkollektiv *Cuina de L'Empordanet* und bietet exzellente regionale Küche aus marktfrischen Zutaten. Besonders empfehlenswert: die Reisgerichte. Mit Terrasse. *Mo mittags geschl. | C/ del Vapor 4 | Tel. 972316496 |* €€–€€€

### LA GAMBA

Fischrestaurant mit gediegenem Ambiente und hübschem Speisesaal. Gutes Preis-Leistungs-Verhältnis. Terrasse. *Mi und im Winter abends geschl. | Plaça de Sant Pere 1 | Tel. 972314633 |* €€–€€€

### MARIA DE CADAQUÉS

Das Restaurant wird in vierter Generation seit 1936 geführt. Die Wände sind mit Bildern einheimischer Künstler dekoriert, die Tische etwas eng gestellt. Fischgerichte stehen im Mittelpunkt der Küche, auch *suquet*, der traditionelle Fisch-Kartoffel-Topf. *So abends und Mo geschl. | Tauler i Servía 6 | Tel. 972314009 | www.mariadecadaques.cat |* €€€

### VOSTRA LLAR

Hotelrestaurant mit guter, traditioneller Mittelmeerküche und hübschem Palmengarten. Günstige Mittagmenüs. Da keine Reservierung möglich ist, meist lange Schlangen. *Okt.–März geschl. | Av. President Maciá 12 | Tel. 972314262 | €–€€*

## EINKAUFEN

In der Carrer Major gibt es die größte Auswahl an Geschäften. Hier bekommen Sie regionale Produkte, frisches Obst und Wein.

### CASA MORERA

In der traditionsreichen Bodega finden Sie ein großes Angebot an Spirituosen. Auch Wein vom Fass wird ausgeschenkt. *C/ Nou 8*

### TASTANXOVA

Das urige Lokal in der Altstadt verkauft eingelegte Sardellen in Spitzenqualität. Wer mag, verkostet vor Ort. *Di–So 9–13 und 19–23 Uhr | C/ Allada 7*

## LOW BUDG€T

Wenn Sie mit dem Bus von Ort zu Ort fahren, dann können Sie mit einer Tages- oder Mehrtageskarte sparen. Beim Unternehmen *Sarfa* kostet ein Einfachticket für die Ortschaften Palafrugell, Calella, Llafranc und Tamariu 1,70 Euro, eine Zehnerkarte 15,70 Euro. Erhältlich an den Busbahnhöfen.

Kostenloser Eintritt ins historische Museum: Im *Museu Municipal (Di–Sa 10–13 und 17–20, So 10–13 Uhr | Plaça Monestir 1 | Sant Feliu de Guíxols)* bekommen Sie gratis einen umfassenden Überblick über die Archäologie und Geschichte der Region um Sant Feliu de Guíxols.

## FREIZEIT

### MITSEGELN

Die ● *Rafael* ist ein restauriertes Schiff mit Lateinersegeln. 1915 als Fischerboot gebaut, veranstaltet die *Reederei Tela Marinera (3,5 Std. 30 Euro | Tel. 609307623 | www.telamarinera.es)* Ausflüge mit dem Traditionsschiff. Segelerfahrung ist nicht notwendig, aktive Beteiligung an Bord aber durchaus erwünscht. An windresistente Kleidung denken! Auch *garoinades,* Seeigel-Fahrten, werden angeboten.

### STRÄNDE

Palamós hat eine Riesenauswahl an Stränden zu bieten: In Stadtnähe gibt es mehr als ein Dutzend Strände und Badebuchten. Ruhiger als der Stadtstrand *Platja Gran* sind die weiter nach Osten gelegenen Strände hinter dem Hafen, beispielsweise die *Platja de la Fosca*.

## AM ABEND

### BAR LA PLATA

Gin, Cocktails und Musik in Hafennähe, mit Terrasse. *Fr/Sa 23–3 Uhr | Plaça Sant Pere 7–9*

### INSIDER TIPP CAN MONI

Kleine, urige Kneipe. Allerlei Kuriositäten hängen an der Wand. Es gibt Wein, Sekt und vor allem *montaditos,* auf kleine Brotscheiben gespießte Leckereien. *Mo geschl. | C/ Mauri i Vilar*

## ÜBERNACHTEN

### HOSTAL RESIDENCIA CATALINA

Etwas in die Jahre gekommen, aber sauber und aufmerksamer Service. Deutsches Management. *22 Zi. | C/ Foment 16 | Tel. 972314386 | www.hostalcatalina.com | €*

### HOTEL PALAMOS

Zentral gelegen, ca. 100 m vom Strand entfernt. Auch Apartments mit Küche für bis zu sechs Personen. Pool, Sauna und Fitnesscenter. *66 Zi. | C/ Provença 5 | Tel. 972318455 | www.palamoshotel.com |* €€

### HOTEL SANT JOAN

Ein aus dem 18. Jh. stammendes Bauernhaus mit großem Garten und Pool, etwa 1 km vom Strand entfernt. Die Zimmer sind bequem ausgestattet. *22 Zi. | Av. de la Llibertat 79 | Tel. 972314208 | www.hotelsantjoan.com |* €€€

### HOTEL TRIAS

In dem Vorzeigehaus an der Meerespromenade mit Blick über die Bucht nächtigten schon Künstler wie Truman Capote und Ava Gardner. Große, helle Zimmer, Pool im Innenhof. *81 Zi. | Passeig del Mar | Tel. 972601800 | www.hoteltrias.com |* €€€

## AUSKUNFT

### OFICINA DE TURISMO

*Passeig del Mar | Tel. 972600550 | www.visitpalamos.cat*

## ZIELE IN DER UMGEBUNG

### INSIDER TIPP CALELLA DE PALAFRUGELL

● (127 F6) (*G10*)

Mit seinen weißen Fischerhäuschen und den Arkadengängen, die sich von Strand zu Strand ziehen, hat sich Calella de Palafrugell viel von seinem ursprünglichen Charme bewahrt. In dem Dorf, 11 km nördlich von Palamós, findet seit 1966 jeden Sommer das Habaneres-Festival statt. Vor den schaukelnden Booten am Strand singen Chöre melancholische Fischergesänge, zum Schluss stimmt das Publikum mit ein. Die Bar *La Calau (Di geschl. | C/ de les Voltes 8 | Tel. 972615301 | www.calaubar.com |* €*)* serviert in Meeresnähe leckere Tapas.

Für Sonnenanbeter: Calella de Palafrugell hat schöne Buchten zum Baden und Faulenzen

Etwas südlich von Calella de Palafrugell liegen die *Jardins de Cap Roig (April–Sept. tgl. 10–20 Uhr, Okt.–März tgl. 10–18 Uhr | Eintritt 6 Euro)*. Dieser 22 000 m² große, in den 1920er-Jahren errichtete Landschaftsgarten beherbergt mehr als 1200 verschiedene Pflanzen aus dem Mittelmeerraum. Spazieren Sie zwischen Kakteen, Geranien und alten Bäumen hindurch, und genießen Sie den wunderbaren Blick aufs Meer. Im Sommer findet vor der malerischen Kulisse das INSIDER TIPP *Festival de Cap Roig (www.caproigfestival.com)* mit internationalen Pop- und Rockstars statt.

### DOLMEN DE LA COVA D'EN DAINA (129 D2) (*E10*)

An der Straße vor dem Dörfchen Romanyà de la Selva wurde 1894 dieses Hünengrab aus der Zeit von etwa 2000 v. Chr. entdeckt. 36 aufrecht stehende Steine bilden den mit 11 m Durchmesser angelegten Grabplatz. *Etwa 18 km westlich*

### PALAFRUGELL (127 E5) (*G9*)

Das lebhafte Städtchen, 8 km nördlich von Palamós gelegen, war über Jahrhunderte hinweg Mittelpunkt der Korkindustrie und lebt heute hauptsächlich vom Tourismus. In der Fußgängerzone rund um die Kirche *Sant Martí* lässt sich entspannt der Vormittag vertrödeln, etwa bei einem Milchkaffee *(café amb llet)* im großzügigen *Centre Fraternal*, dem 1887 erbauten Casino.

In Palafrugell ist auch der katalanische Journalist und Schriftsteller Josep Pla geboren. Sein Geburtshaus ist heute ein Museum, mit Werksarchiv und einer Sammlung persönlicher Gegenstände, die *Fundació Josep Plà (Kernzeit Mo–Fr 9–13 und 17–18.30 Uhr, Sa 10.30–13 und 17–19 Uhr, So 10.30–13 Uhr | Eintritt 2,50 Euro | C/ Nou 51 | www.fundaciojoseppla.cat)*; im ehemaligen Wohnhaus des Dichters befindet sich heute das Feinschmeckerrestaurant *Pa i Raim (C/ de Torres i Jonama 56 | Tel. 972304572 | www.pairaim.com | €€€)*. Alles zum Thema Kork – seine industrielle Nutzung, etwa als Flaschenverschluss oder als Isoliermaterial, sowie seine Bedeutung für die Region – erfahren Sie im ● *Museu del Suro (Juli/Aug. Mo–Sa 10–14 und 17–20.30 Uhr, So 10–14 Uhr, Sept.–Juni Di–Fr 10–13 und 16–19 Uhr, Sa 10–14 und 17–20 Uhr, So 10–14 Uhr | Eintritt 3 Euro | Placeta del Museu 31 | www.museudelsuro.org)*.

Für Radtouren, auch mit Kindern, bietet sich die *Ruta del Tren Petit* an, die entlang der ehemaligen Bahntrasse nach Pálamos führt (Karten beim Tourismusbüro). Mitten in der Natur, umgeben von Zypressen und Pinien, hat sich in einem renovierten Bauernhaus das Hotel INSIDER TIPP *Mas Ses Vinyes (25 Zi. | Ctra. GIP 6531 Richtung Begur 1,2 km | Tel. 972301570 | www.massesvinyes.com | €€€)* etabliert. Es bietet allen Komfort wie Kamin, Jacuzzi, Sauna – und große Betten.

Auskunft: *Oficina de Turisme Palafrugell (Av. Generalitat 33 | Tel. 972300228 | www.visitpalafrugell.cat)*

### INSIDER TIPP PLATJA DEL CASTELL (129 F2) (*G10*)

Nördlich von Palamós, 2,5 km von der Hauptstraße entfernt, liegt diese wunderschöne Felsenbucht mit feinem Sand und kristallklarem Wasser, gekrönt von einem alten iberischen Dorf auf dem Hügel.

# PLATJA D'ARO

(129 E3) (*F11*) **Bettenburgen, Fast-Food-Restaurants, Partymeilen und**

**jede Menge Campingplätze in der Nähe: Platja d'Aro ist eine der Touristenhochburgen der Costa Brava.**
Insbesondere junge Leute fühlen sich in den Diskotheken, Cocktail-Lounges und bei Strandpartys wohl, organisierte Jugendreisen boomen. Die gute Infrastruktur, Wasserparks und eine Miniatur-Eisenbahn, die durch die Straßen zuckelt, sind auch für junge Familien attraktiv, die vor allem Sonne, Wasser, Sand wollen. Die Strände sind gepflegt und feinsandig, Sportbootkapitäne schätzen den großen Hafen mit mehr als 400 Anlegestellen. Im Winter dagegen, wenn die meisten Etablissements geschlossen haben, bleiben die 5000 Einwohner hauptsächlich unter sich.

Platja d'Aro: Partygänger und junge Familien fühlen sich in der Touristenhochburg wohl

## ESSEN & TRINKEN

### ARADI
Das traditionsreiche Restaurant ist seit 40 Jahren in Familienbesitz. Neben Fisch in vielen Variationen stehen auch Lammgerichte auf der Speisekarte. *Tgl. | Av. Cavall Bernat 115 | Tel. 972 81 73 76 | €€*

### FRIENDS
Angenehmes Lokal mit entspanntem Lounge-Ambiente und schönem Blick aufs Meer. Fürs leibliche Wohl sorgen Gerichte wie Edelburger und internationales Fingerfood. *Tgl. | Passeig Marítim 62 | Tel. 972 81 82 67 | €€*

### MAR BRAVA
Restaurant im Hotel Silken Park San Jorge, traditionelle Küche der Region. Man sitzt sehr angenehm auf einer Terrasse im Schatten von Pinien mit Blick aufs Meer. *Tgl. | Ctra. de Palamós | Tel. 972 65 23 11 | €€*

## EINKAUFEN
Vom Sonnenöl bis zur Rolex wird alles, was man braucht oder nicht braucht, in Hunderten von Läden zwischen den Straßen *Avinguda S'Agaró* und dem *Passeig Marítim* angeboten.

## FREIZEIT, SPORT & STRÄNDE

Der 2,4 km lange Hauptstrand *Platja Gran*, ist immer gut besucht. Er bietet Annehmlichkeiten wie Duschen, Rettungsstationen, Bars, Kinderspielplätze, Toiletten und Sportfelder und liegt direkt vor dem Ort. Etwas ruhiger geht es in der fast 400 m langen Bucht *Cala Sa Conca* südlich des Ortes zu. Auch sie verfügt über Duschen, Toiletten, Kinderspielplätze und einen Bar-Kiosk. Am Nordende von Platja d'Aro befindet sich die Bucht *Cala Rovira*, über 200 m lang und 40 m breit – die ebenfalls mit kompletter Infrastruktur ausgestattet ist. Diese Sandstrände haben überwiegend gröberen Sand. Darüber hinaus gibt es kleinere felsige Buchten ohne Infrastruktur, wie z. B. *Cala del Pi* nördlich des Ortes und *Cala Pedrosa* im Süden.

### CLUB DE GOLF D'ARO

300 m hoch gelegener Golfplatz mit zwei künstlich angelegten Seen und tollem Blick, Fee 18-Loch ab 77 Euro. *Urbanización Mas Nou | Tel. 972816727*

### YAVEROS PADEL&SURF

Stand-Up-Paddling-Kurse und Verleih von Surfbrettern. *Passeig Maritim 136 | Tel. 634768224*

## AM ABEND

Am *Passeig Marítim* und in den Straßen dahinter haben unzählige Diskos, Bars, Clubs und Kneipen die ganze Nacht geöffnet. Tanzen können Sie gut in den Diskotheken *Malibu (Av. S'Agaró 75)*, *Marius (Av. S'Agaró 86)* und *Inox (Travesera Pineda de Mar 20)*.

## ÜBERNACHTEN

### COSTA BRAVA

Beeindruckend ist die Lage: Das Hotel ist auf einem Felsen direkt über dem Meer gebaut, und es gibt einen Zugang zu dem darunter liegenden Strand. Die meisten

Club de Golf d'Aro: von Loch zu Loch inmitten sanft hügeliger, weiter Landschaft

Räume haben einen Balkon, die Zimmer sind relativ groß und hell. *60 Zi. | Punta d'en Ramis | Tel. 972817070 | www.hotelcostabrava.com* | €€

### HOSTAL DE LA GAVINA

Das Luxushotel an der Bucht von S'Agaro bietet Zimmer im historischen spanischen Stil mit Meerblick, dazu ein beheiztes Schwimmbad, Spa und Beautyclub sowie vier Restaurants, darunter das *Candlelight* mit Haute cuisine im Patio. *57 Zi. und 17 Suiten | Plaça Rosaleda | Tel. 972321100 | www.lagavina.com* | €€€

### PANAMÁ

Das Hotel liegt relativ ruhig, zum Strand sind es trotzdem nur 300 m. Die Zimmer sind komfortabel, jedoch etwas eng. Auch Familienzimmer und eine Ferienwohnung. *41 Zi. | Av. S'Agaró 132 | Tel. 972817639 | www.hotel-panama.com* | €€

### PLANAMAR

Vierstöckiger Bau am Strand. In der obersten Etage befinden sich Pool und Restaurant. Die Zimmer sind klein, aberteilweise mit Meerblick. *84 Zi. | Passeig del Mar 82 | Tel. 972817177 | www.planamar.com* | €

## AUSKUNFT

### OFICINA DE TURISME

*C/ M. J. Verdaguer 4 | Tel. 972817179 | www.platjadaro.com*

## ZIELE IN DER UMGEBUNG

### CASTELL D'ARO (129 E3) *(E11)*

3 km westlich von Platja d'Aro liegt das kleine mittelalterliche Dorf mit der spätgotischen Kirche *Santa Maria de Castell d'Aro*. Im *Castell Benedormiens (Tel. 972817284 | cultura@platjadaro.com)*, das auf den Grundresten einer alten Burg neu errichtet wurde, finden mitunter Kunstausstellungen statt. Für alle, die im Ort übernachten oder essen, bietet das Tourismusamt in Platja d'Aro kostenlose Führungen durch den Ort und durch das Puppenmuseum *Museu de la Nina (Di–Fr 18–21, Sa/So 11–13 und 18–21 Uhr | Eintritt frei | Plaça Lluis Companys)*, in dem über 800 Puppen aus verschiedenen Epochen zu sehen sind.

# SANT FELIU DE GUÍXOLS

KARTE AUF SEITE 131

(129 E3) *(E–F11)* ★ **Sant Feliu de Guíxols (15000 Ew.) entstand auf den Überresten einer iberischen und romanischen Siedlung. Das Kloster und der im 12. Jh. angelegte große Hafen mit Werften verhalfen dem Städtchen früh zu Wohlstand.**

Später wurde Sant Feliu internationaler Hauptausfuhrhafen für den Kork aus den nahen Eichenwäldern. Industrielle und Großbürger bauten sich *Modernisme*-Prachtvillen, von denen vor allem entlang der Strandpromenade noch eine ganze Reihe erhalten sind. Heute verbringen im Ort auch viele spanische Familien ihre Ferien. Im Sommer lockt das Festival *Porta Ferrada (www.festivalportaferrada.cat)* Gäste an – mit Livemusik, Theateraufführungen und Ausstellungen.

## SEHENSWERTES

### CASA PATXOT

Die reich verzierte *Modernisme*-Villa gehörte einst einem Industriellen, der mit Korkprodukten reich geworden ist. Heute ist hier die Industrie- und Handelskammer untergebracht. *Passeig de Mar 40*

**INSIDER TIPP** **CASINO LA CONSTÀNCIA**

Das 1889 im maurischen Stil erbaute Casino ist ein herrlicher Ort zum Entspannen. Hier können Sie den Einheimischen beim Schachspielen über die Schulter schauen. *Passeig dels Guíxols 1*

**ERMITA DE SANT ELM**

Von der dem heiligen Telmus gewidmeten Einsiedelei, oberhalb der Cala Vigatà gelegen, haben Sie einen phantastischen Ausblick.

**MONESTIR DE SANT FELIU DE GUÍXOLS**

Ein Besuch der Klosteranlage mit romanischen, gotischen und Barockelementen lohnt allein wegen der romanischen Säulenhalle *Porta Ferrada (Mo und Mi–Fr 10–13 und 16–19 Uhr, Sa 11–14 und 16–19 Uhr, So 11–14 Uhr | Eintritt 2 Euro)*. Im ehemaligen Abtspalast befindet sich der *Espai Carmen Thyssen (tgl. 11–21 Uhr | Eintritt 7 Euro | Plaça Monestir | www.espaicarmenthyssen.com)*, mit Wechselausstellungen aus dem Fundus der renommierten Kunstsammlung Thyssen.

## ESSEN & TRINKEN

**CA L'ISERN**

Traditionsrestaurant mit Spezialitäten vom Holzofengrill. Akzeptiert aus Platzgründen keine Kinderwagen. *Mi geschl. | C/ Joan Goula 24 | Tel. 972822821 | www.restaurant-isern.com* | €€

**CASA BUXÓ**

Rustikale Holzoptik, traditionelle regionale Küche. *So–Do abends geschl. | C/ Major 18 | Tel. 972320187* | €

**EL DORADO MAR**

Postkartenblick über die Bucht von Sant Feliu und exzellente Fischgerichte. *Tgl. | Passeig President Irla 15 | Tel. 972326286* | €€€

**INSIDER TIPP** **L'AROMA**

Nettes kleines Frühstückscafé mit Kuchen, Säften und großer Teeaus-

## DELIKATESSE MIT STACHELN

Salvador Dalí posierte mit ihm auf Fotos und integrierte das stachelige Tierchen in diversen Gemälden, die Fischer genossen ihn als billigen und allzeit verfügbaren Mittagssnack: Der Seeigel gehört zur Costa Brava wie die wilden Klippen. Die 3 bis 10 cm großen Meeresbewohner aus der Familie der Stachelhäuter leben zwischen Felsen und auf dem Grund und ernähren sich überwiegend von Plankton und Algen. Saison ist zwischen Januar und April. Dann werden Seeigel mit Netzen gefangen oder im flachen Wasser aufgesammelt und mit einer Art Zange geknackt: Gegessen werden lediglich die sternförmig angeordneten, beige- bis orangefarbenen Geschlechtsdrüsen – roh mit etwas Weißbrot, gratiniert oder gekocht in Suppen und Reisgerichten. Lange in Vergessenheit geraten, gelten die manchmal leicht süßlich schmeckenden Seeigel inzwischen als Delikatesse. *Garoinades*, Ausfahrten mit dem Fischerboot inkl. Verzehr direkt an Bord, sind inzwischen so beliebt, dass der Bestand sich merklich reduziert hat – und der Fang kontrolliert wird.

Der perfekte Ort zum Entspannen: Casino la Constància (rechts) in Sant Feliu de Guíxols

wahl. *Tgl. | Plaça del Mercat 8 | Tel. 9 72 32 06 57* | €

## EINKAUFEN

### EL PATI DE L'ÀVIA NITA

Kunsthandwerk, Accessoires und Mode von jungen Designern in einem malerischen Innenhof. *Herbst/Winter geschl. | C/ Sant Llorenç 24*

## FREIZEIT, SPORT & STRÄNDE

### COSTA MAGICA

Auf einem Motorsegler die Küste erkunden: Skipper Jordi bietet Tagestouren an *(maximal 10 Passagiere, pro Person 400 Euro inkl. Verpflegung). Escullera del Moll | Pier „M" Mooring 4 | Tel. 9 72 32 33 07 | Tel. mobil 6 29 96 08 22 | www.costamagica.net*

### PISCIS DIVING

Tauchgänge und -kurse an 13 Spots rund um die Bucht, auch für Einsteiger. *C/ de Cristofol Colom | Tel. 9 72 32 69 58 | Tel. mobil 6 17 88 54 54 | www.piscisdiving.com*

### STRÄNDE & BUCHTEN

Zerklüftete Felsen, vom Wind zerzauste Pinien und glasklares Wasser: Die 🔵 *Cala Ametller* hat das Zeug zum Postkartenmotiv. Da die 300 m lange Bucht nördlich des Orts nur zu Fuß zu erreichen ist, haben Sie hier auch im Sommer die Chance auf einsame Stunden am Meer. Feinsandig ist die *Platja de Sant Pol*, der 700 m lange Stadtstrand mit kompletter Infrastruktur. Einen Überblick über das Dutzend Strände bekommen Sie in der Touristeninfo.

## AM ABEND

Die Altstadt hinter dem Passeig del Mar mit ihren Bars und Diskotheken ist das Ziel der Nachtschwärmer. In einigen Bars gibt's abends *cançon de taverna*, Gesänge im Stil der Habaneras.

## ÜBERNACHTEN

### HOTEL S'AGARO MAR

Ein Hotel für die Familie: Kinderspielplatz, Freizeitprogramm und Extras wie Babywanne. Liegt über der Bucht von Sant Pol mit einem weiten Ausblick. Moderne Zimmer, viele mit Balkon; Pool. *75 Zi. | Camí de la Caleta 5 | Tel. 972321140 | www.ghthotels.com | €€€*

### HOTEL SANT POL

Das Hotel liegt direkt am Strand. Die farblich zurückhaltend gestalteten Zimmer – viele mit Meerblick, einige mit Jacuzzi – sind durch die Bettenstellung recht eng. Große Pluspunkte sind die schöne Lage am Meer und das Restaurant mit Tagesmenüs (€). *22 Zi. | Platja de Sant Pol 125 | Tel. 972321070 | www.hotelsantpol.com | €€€*

### PENSIÓ EL CISNE

Zentral im Ort und nur wenige Minuten vom Strand entfernt liegt dieses einfache Hostal. Die Zimmer sind hell, aber relativ klein und eher bescheiden möbliert. Für die Lage und den Standard ein gutes Preis-Leistungs-Verhältnis. *21 Zi. | Rambla Generalitat 11 | Tel. 972324810 | €*

## AUSKUNFT

### OFICINA MUNICIPAL DE TURISME

*Plaça del Monestir | Tel. 972820051 | www.guixols.cat*

## ZIEL IN DER UMGEBUNG

### SANTA CRISTINA D'ARO

(129 D–E3) *(E10–11)*

In den Zeiten des Korkbooms, ab 1892, lief eine Schmalspurbahn durch den Ort, die den geernteten Kork transportierte. Die Bahntrasse ist heute ein Radweg, geblieben ist der kleine restaurierte Bahnhof, in dem das *Restaurant Font Picant (So geschl. | Urbanisación Bell-Loc 1 | Tel. 972833350 | €€)* nicht nur gute Grillspezialitäten anbietet, sondern INSIDER TIPP Fr und Sa auch Livemusik (Jazz). *5 km westlich von Sant Feliu*

# TORROELLA DE MONTGRÍ

(127 E3) *(F7–8)* **Verfehlen können Sie das Städtchen (5600 Ew.) im Landesinneren nicht: Ein wuchtiges Kastell auf einem kahlen runden Felsen weist den Weg.**

Die Stadtmauern von *Torroella de Montgrí* hat man im 19. Jh. zwar abreißen lassen, aber ein Spaziergang vom Rathausplatz *Plaça de la Vila* über die *Carrer de L'Església* entlang zur mächtigen Kirche *Sant Genís* bis zum *Portal Santa Caterina* vermittelt dennoch mittelalterliches Flair. Seinen Reichtum verdankt der im 13. Jh. zur Königsstadt ernannte Ort den fruchtbaren Feldern an den Ufern des Flusses Ter.

## SEHENSWERTES

### CASA DE LA VILA

Neben dem arkadengesäumten Rathaus aus dem 16. Jh. steht die kleine Kapelle *Sant Antoni. Mo–Sa 11–14 und 17–20 Uhr*

### MUSEU DE LA MEDITERRÀNIA ★

Wenn es um die Mittelmeerkultur geht, ist das großzügig ausgestattete mediterrane Kulturzentrum das interessanteste Museum an der gesamten Costa Brava. Vorgestellt wird hier die Kultur der Mittelmeeranrainer, von Ägypten über Tunesien, Griechenland und Frankreich bis hin zu Spanien. Neben Fotos, Filmen, Videoshows und Infotafeln präsentiert das multimediale Zentrum auch Musikinstrumente und Beispiele lokaler Handwerkstraditionen wie etwa geflochtene Körbe oder Töpferwaren. Besonders für Kinder ist das Museum interessant. *Juli–Aug. Mo–Sa 10–14 und 18–21, So 10–14 Uhr, Sept.–Juni Mo und Mi–Sa 10–14 und 17–20 Uhr, So 10–14 Uhr | Eintritt 3 Euro | C/ d'Ullà 27–31 | www.museudelamediterrania.cat*

### PORTAL SANTA CATERINA

Stadttor in der Befestigungsmauer aus dem 14. Jh. *Hinter der Kirche Sant Genís an der Av. de Lluis Companys*

## ESSEN & TRINKEN

### LA BOHÈME TERRASSA

Angenehmes Terrassencafé hinterm Rathaus. Auf der Karte stehen Tapas und Burger. *Tgl. | Plaça Pere Rigau 7 | Tel. 972758879* | €

Lieber grüne oder rote Paprika? Montags ist Markttag in Torroella de Montgri

### PALAU SOLTERRA

Im Adelspalast aus dem 15. Jh. wird vor allem zeitgenössische internationale Fotografie in wechselnden Ausstellungen präsentiert, kuratiert von der renommierten Stiftung Fundació Vila Casas. Daeben werden die Räumlichkeiten auch für Vorträge und Konzerte genutzt. *Feb.–Mitte Juni und Mitte Sept.–Mitte Dez. Sa 11–14 und 16.30–20.30 Uhr, So 11–14 Uhr, Mitte Juni–Mitte Sept. Di–So 17–21 Uhr | Eintritt 3 Euro | C/ de l'Església 10 | www.fundaciovilacasas.com*

### PALAU LO MIRADOR

Im romantischen Ambiente eines ehemaligen Königspalast aus dem 14. Jh. werden kreativ verfeinerte katalanische Klassiker ansprechend präsentiert. Reservieren Sie am besten vorher! Am Wochenende wird das Hotel-Restaurant häufig für Hochzeiten gebucht. *Tgl. | Passeig de l'Església 1 | Tel. 972758063 | www.palaulomirador.com* | €€

## ESSEN & TRINKEN/ ÜBERNACHTEN

### MITJÀ

Zum Restaurant gleichen Namens gehört die preiswerteste Unterkunft im Ort. Die kleinen, rustikalen Zimmer haben Wände aus Feldsteinen. Familienfreundlich. *22 Zi. | C/ Església 14 | Tel. 972758003 | www.fondamitja.com |* €

### MOLÍ DEL MIG

Etwas außerhalb des Ortskern liegt die gekonnt umgestaltete ehemaligen Mühle inmitten einer großen Gartenlandschaft. Die klar designten Zimmer befinden sich teils im Haupthaus, teils als Bungalows im Garten. Mit Spa-Bereich. *32 Zi. | Camí Molí del Mig | Tel. 972755396 |* €€€

## EINKAUFEN

Die Haupteinkaufsstraßen mit ihren vielen kleinen Geschäften laufen auf der *Plaça de Vila* zusammen. In der Traditionssüßwarenhandlung *Batlle (Av. Francesc Macià 10–12)* können Sie grammweise die feinsten Pralinen zu kaufen. Der wöchentliche Obst- und Gemüsemarkt findet immer montags statt.

## AM ABEND

Außer ein paar Bars und dem Kino stört hier nichts die Kleinstadtruhe. Amüsierfreudige sollten sich ins wenige Kilometer entfernte L'Estartit begeben.

## AUSKUNFT

### OFICINA DE TURISME

*Passeig Marítim | L'Estartit | Tel. 972751910 | www.visitestartit.com*

## ZIELE IN DER UMGEBUNG

### CASTELL DE MONTGRÍ

(127 E3) *(F7)*

Diese imposante quadratische Burg thront auf einem etwa 300 m hohen Hügel. König Jaume II. ließ sie aus Steuer-

# BÜCHER & FILME

**Die Kathedrale des Meeres** – Historischer Roman und Bestseller von Ildefonso Falcones (2007) über den Bau der Lieblingskathedrale der Barcelonesen in der Glanzzeit Kataloniens

**Gebrauchsanweisung für Katalonien** – Auf unterhaltsame Weise beschreibt Michael Ebmeyer Katalonien: von der Geschichte und Kultur bis zur Lebensart und Küche (2007)

**Der Untergang der Cala Galiota** – Josep Pla erzählt mit hintergründigem Humor Geschichten von einer Costa Brava, die es so nicht mehr gibt (2007)

**Barcelona. Eine Stadt in Biographien** – Porträts berühmter Persönlichkeiten, die Barcelona geprägt haben: von Christoph Kolumbus bis Lionel Messi (2012)

**Vicky Cristina Barcelona** – Woody-Allen-Film (2008) mit Starbesetzung (Scarlett Johansson, Javier Bardem und Penelope Cruz): Zwei amerikanische Freundinnen verlieben sich in einen verheirateten Spanier

Unter-Wasser-Meeting: Taucher trifft auf Meeresbewohner im Naturschutzgebiet Illes Medes

geldern der Bauern von Ullà bauen, als Wahrzeichen seines Königreiches gegen die Herzöge von Empùries und um von hier aus Piraten und andere Widersacher im Blick zu haben. Fertiggestellt wurde sie nie. Nach beschwerlichem Aufstieg von etwa einer Stunde belohnt die schöne weite Aussicht.

## L'ESTARTIT (127 F3) (🗺 G7)

Ein fünf km langer Sandstrand und die nahen *Illes Medes* mit ihrer faszinierenden Unterwasserwelt machen L'Estartit zu einem beliebten Ziel für Wasserfans aller Art. Der Hauptstrand ist in Abschnitte für Wassersportler und Badende *(Els Griells/Platja Central)* sowie Kitesurfer und Hundehalter *(Platja de la Pletera)* gegliedert. Im Norden schließen sich felsige Buchten an, im Süden die bei Seglern beliebte *Platja Mas Pinell*.

Die meisten Tauchschulen und Ausrüstungsverleiher befinden sich direkt am Strand und haben in der Hochsaison täglich geöffnet. *Medaventura (Platja de l'Estartit/Ter Vell | Tel. 6 85 63 81 81 | www.medaventura.com)* bietet neben Stand-Up-Paddling, Kajaktouren und Schnorcheln auch Tauchkurse an; beim *Club Nautic (Passeig Marítim | Tel. 9 72 75 17 42 | www.cnestartit.es)* können Sie Segelkurse buchen und Boote mieten.

Im dicht am Hafen gelegenen *Hotel Les Illes (126 Zi. | C/ Les Illes 55 | Tel. 9 72 75 12 39 | www.hotellesilles.com | €)* steigen viele Taucher ab, da dort auch Tauchausrüstungen verliehen und Kurse angeboten werden. Beliebt ist das *Flamingo (194 Zi. | C/ de l'Església 112 | Tel. 9 72 75 09 27 | www.hotelflamingo.info | €)*, ein familienfreundliches, etwa 300 m vom Strand gelegenes Hotel.

Leckere Fisch- und Fleischgerichte serviert *Les Corones (tgl. | Av. Roma 50 | Tel. 9 72 75 00 99 | www.lescorones.cat | €€)*.

Den Abend ausklingen lassen können Sie in L'Estartit in etlichen Diskotheken und Bars, insbesonders in der Hafengegend ist sehr viel los.

# GIRONA UND LA SELVA

**Amüsiermeilen, an denen Sangría eimerweise ausgeschenkt wird und abends Schaumpartys stattfinden, Hoteltürme in klotzigen Betonburgen an Küstensiedlungen, deren Bevölkerung sich im Sommer verzehnfacht: Der südlichste Teil der Costa Brava ist vom Massentourismus geprägt.**

Von hier aus nahm der Tourismusboom in den 1960er-Jahren seinen Anfang. Viele finden hier alles, was sie zu einem gelungenen Urlaub brauchen: Sonne, Strand, Spaß. Dabei hat die Provinz Girona und La Selva auch jenseits der Küste einiges zu bieten. Die Provinzhauptstadt Girona hat sich in den letzten Jahren zu einer wahren Schönheit gemausert. Auch bei der Fahrt durchs Hinterland können Sie viel entdecken.

## BLANES

(128 B5–6) (*C12–13*) **Riesige Wohnmobil- und Campingplätze im Süden, zwei Dutzend Hotels, massenweise Apartments – und ein 4 km langer Sandstrand: Blanes (20 000 Ew.) ist eins der touristischen Zentren der Costa Brava.** Auch viele Barcelonesen reisen am Wochenende an die weitläufige Bucht.

### SEHENSWERTES

**JARDÍ BOTÀNIC MARIMURTRA ★**

Der Deutsche Karl Faust ließ 1921 auf seinem Gartengrundstück einen botanischen Garten einrichten. Auf dem 0,16 $km^2$ großen Gelände mit herrlichem

## Küste der Gegensätze: Viel Spaß am Strand und kulturelle Entdeckungen in der attraktiven Hauptstadt der Costa Brava

Blick auf Blanes und das Meer wachsen typische Mittelmeerpflanzen wie Palmen und Kakteen. *Juni–Aug. tgl. 9–20 Uhr, April/Mai und Sept./Okt. 9–18 Uhr, Nov.–März tgl. 10–17 Uhr | Eintritt 6,50 Euro | Passeig Carl Faust 9 | oberhalb des Hafens | www.marimurtra.cat*

### ESSEN & TRINKEN

**BISTROT DE TOT**

Gute katalanische Hausmannskost, nach Rezepten der Mutter des Wirts. Im Ort gelegen, daher günstiger als am Strand. *Mo geschl. | C/ Forn 16 | Tel. 633321509 |* €

**ES BLANC**

Strandbar mit exzellenten Fisch- und Reisgerichten, besonders stimmungsvoll abends. *Tgl. | Mirador de s'Auguer 26 | Tel. 972330049 |* €€

**INSIDER TIPP SA LOLA**

Spitzentapas, originell serviert – und das direkt an der Uferpromenade. Der Chef lernte bei Ferran Adrià. *Tgl. | Passeig Pau Casals 59 | Tel. 972355219 | €€*

## STRÄNDE

Der über 600 m lange, feinsandige Stadtstrand *Platja Blanes* mit kompletter Infrastruktur und Hochbetrieb im Sommer beginnt neben dem Fischereihafen. Südlich schließt sich die vor allem bei Campern beliebte *Platja S'Abanell* an, die von Pinien umsäumte 200 m lange Bucht *Sant Francesc* zwischen Felsen und Botanischem Garten bietet feinen Sand, Duschen und Kioske.

## ÜBERNACHTEN

### HOTEL BEVERLY PARK

Extras wie Fitnessraum, Kinderspielplatz und Zugang zum Tennisplatz. *168 Zi. | Mercè Rodoreda 17 | Tel. 972352426 | www.hotelbeverlypark.com | €€€*

### HOTEL BLAUCEL

Nur ein Pinienhain trennt das Hotel vom Strand. Pools, Spa, Fitnessräume und Familienzimmer für bis zu 5 Personen. *183 Zi. | Av. Villa de Madrid 27 | Tel. 972358550 | www.blauhotelsblanes.com | €€*

### PENSIÓ ISABEL

Die einfache Pension in der Stadt liegt ca. 5 Minuten vom Strand entfernt, in ihrer Nähe befinden sich der Busbahnhof, Geschäfte und Restaurants. Sie können auch Familienzimmer mit bis zu fünf Betten buchen. *37 Zi. | C/ Josep Tarradellas 56 | Tel. 972330128 | www.hostalisabel.es | €*

Steiler Aufstieg in den Himmel: Gironas Kathedrale fordert Einsatz vom Besucher

## AUSKUNFT

### OFICINA MUNICIPAL DE TURISME

*Plaça Catalunya 2 | Tel. 972330348 | www.visitblanes.net*

# GIRONA

**KARTE AUF SEITE 130**
(126 A4) (C–D 8–9) **Mit den farbigen Häuserfassaden, die sich im Fluss Onyar spiegeln, der beeindruckenden gotischen Kathedrale und der alten Stadtmauer ist ★ Girona (100 000 Ew.) einen Tagesausflug wert.**
Die Stadt erlebte ihre Blütezeit im 12. und 13. Jh., als sie die Gerichtsbarkeit erhielt und die kabbalistische Schule der jüdischen Gemeinde Gelehrte anzog. Gironas Lage zwischen dem Vulkangebiet der Garrotxa, dem Empordà und der Bergkette Les Gavarres macht die Provinzhauptstadt auch als Ausgangspunkt für Wanderungen und Radtouren attraktiv.

**WOHIN ZUERST?**
Zwischen der **Rambla de Llibertad**, am Riu Onyar mit seinen bunten Hausfassaden, und der **Carrer Ferreries Velles** befindet sich Gironas pittoresker *casco antiguo*, das Altstadtherz mit der Plaça del Vi, Cafés, uralten Geschäften neben ultramodernen Outlets und dem Touristenbüro. Vom Hauptbahnhof ist es ein Katzensprung, dort gibt es auch Parkplätze.

## SEHENSWERTES

### BANYS ARABS
Die arabischen Bäder im maurischen Stil wurden im 13. Jh. nicht von den Mauren, sondern unter christlicher Herrschaft erbaut. *April–Sept. Mo–Sa 10–19 Uhr, So 10–14 Uhr, Nov.–März Mo–Sa 10–14 Uhr, Okt. Mo–Sa 10–18 Uhr, So 10–14 Uhr | Eintritt 2 Euro | C/ Rei Ferran el Catòlic | www.banysarabs.org*

### JUDENVIERTEL
Mit seinen labyrinthisch verwinkelten Gassen ist das *Call* eines der besterhaltenen jüdischen Viertel der Welt. Im kleinen *Museu d'Història dels Jueus (Juli/Aug. Mo–Sa 10–20 Uhr, So 10–14 Uhr, Sept.–Juni Di–Sa 10–18 Uhr, So 10–14 Uhr | Eintritt 4 Euro | C/ de la Forca 8)* erfahren Sie alles zur Geschichte der jüdischen Gemeinde Girona.

### KATHEDRALE
An der imposanten gotischen Kathedrale wurde über viele Jahrhunderte gebaut: vom 14. Jh. bis fast in unsere Zeit. Beeindruckend ist das Kirchenschiff: Mit 23 m ist es das breiteste Schiff einer gotischen Kirche in Europa. Der Hochaltar aus dem 16. Jh. ist aus Silber und mit Edelsteinen besetzt. 30 Seitenkapellen mit wertvollen Gemälden umgeben den Kreuzgang im Innern. Wertvollster Schatz: der Schöpfungsteppich aus dem 11. Jh. *Juli/Aug. 10–19.30 Uhr, April/Okt. 10–18.30 Uhr, Nov.–März 10–*

**MARCO POLO HIGHLIGHTS**

**★ Jardí Botànic Marimurtra**
Was am Mittelmeer wächst, ist im Botanischen Garten in Blanes zu sehen → S. 70

**★ Girona**
Eine Fundgrube für Kulturinteressierte → S. 73

**★ Lloret de Mar**
Die Touristenhochburg der Costa Brava → S. 76

**★ Tossa de Mar**
Schön gelegenes Städtchen mit mittelalterlichem Flair → S. 79

*17.30 Uhr, Gottesdienste: So 10–14 Uhr, Sa ab 16.30 Uhr | Eintritt 7 Euro | Plaça de la Catedral | www.catedraldegirona.org*

**MUSEU DEL CINE**

Auf 2500 m² werden über 1200 Objekte gezeigt: von der Frühzeit des Kinos bis heute. Auch für Kinder spannend. *Okt.–April Di–Fr 10–18, Sa 10–20, So 11–15 Uhr, Mai/Juni/Sept. Di–Sa 10–20 Uhr, So 11–15 Uhr, Juli/Aug. Mo–So 10–20 Uhr | Eintritt 5 Euro | C/ Sèquia 1 | www.museudelcinema.cat*

**MUSEU D'HISTÒRIA DE LA CIUTAT**

Die ganze Stadtgeschichte auf einen Blick. *Mai–Sept. Di–Sa 10.30–18.30 Uhr, So 10.30–13.30, Okt.–April Di–Sa 10.30–17.30 Uhr, So 10.30–13.30 Uhr | Eintritt 4 Euro, jeden ersten Sonntag im Monat frei | C/ de la Força 27 | www.girona.cat/museuhistoria*

**SPAZIERGANG AUF DER STADTMAUER**

Laufen Sie hinter der Kathedrale am *Portal de Sant Cristóbal,* südlich, haben Sie auf über 1 km Länge einen tollen Blick auf Girona – und bis zu den Pyrenäen.

## LOW BUDG€T

Auf dem kilometerlangen Montagsmarkt in Blanes und auf vielen anderen Wochenmärkten gibt es spottbillig Kleidung, Schuhe etc.

In Girona werden Parkgebühren an jeder Ecke verlangt. Ausnahme: kostenloses Parken auf dem *Passeig de La Devesa* am gleichnamigen Park. Von hier sind es nur wenige Gehminuten ins Zentrum.

## ESSEN & TRINKEN

**CAFÉ CONTEXT LLIBERIA**

Sympathisches Café in einer Buchhandlung. Die Kleinigkeiten für zwischendurch – alle in sehr guter Qualität – können Sie auch auf der Terrasse genießen. *Di/Mi geschl. | C/ Pou Rodó 21 | Tel. 972 48 63 90 | www.cafecontext.com | €*

**DIVINUM**

Raffinierte katalanische Küche in elegantem Ambiente, mitten in der Altstadt. *So geschl. | C/ Albareda 7 | Tel. 872 08 02 18 | €€€*

**EL CELLER DE CAN ROCA**

Die Kochkünste der drei Brüder Joan, Josep und Jordi Roca sind absolute Weltspitze. Sie verquicken traditionelle Küche und regionale Produkte mit großer Experimentierfreude. Dafür gab's drei Michelin-Sterne – und die Auszeichnung zum weltbesten Restaurant. *So/Mo geschl. | Can Sunyer 48 | Tel. 972 22 21 57 | www.cellercanroca.com | €€€*

**L'ALQUERIA**

Paella, Risotto, cremiger Reis: Das Restaurant in Flussnähe hat sich ganz auf Reisgerichte spezialisiert und zählt zu den gastronomischen Spitzenreitern der Stadt. *Mo geschl. | C/ Ginesta 8 | Tel. 972 22 18 82 | www.restaurantalqueria.com | €€*

**INSIDER TIPP ROCAMBOLESC GELATERIA**

Eis vom Drei-Sterne-Koch Joan Roca in sechs Geschmacksrichtungen, die sich dank Toppings unendlich variieren lassen – und auch für Normalbürger erschwinglich sind. Mit der Eisdiele hat sich der Meister einen Kindheitstraum verwirklicht: Die Einrichtung erinnert an die legendäre Schokoladenfabrik des

Drei Michelin-Sterne für drei kochende Brüder im Toprestaurant El Celler de Can Roca

Roald-Dahl-Helden Willy Wonka. Besonders raffiniert: heißes Eis! *Tgl. | C/ Santa Clara 50 | Tel. 972416667 | €*

## EINKAUFEN

### GLUKI

Schokoladen, Kakao und Pralinen mit Biosiegel aus eigener Herstellung, hübsch nostalgisch verpackt. *C/ Joaquim Vayreda 8–10 | www.gluki.cat*

### ULYSSUS

Die Buchhandlung führt auch englische Literatur und (Wander-)Karten, mit denen sich Reisende eindecken können. *C/ de la Cort Reial 3*

## AM ABEND

### SUNSET JAZZ CLUB

Auf der Bühne des Jazzclubs in der Altstadt stehen nationale und internationale Größen. Die Auswahl an Gins und Wodkas ist riesig. *Tgl. ab 21 Uhr | C/ Jaume Pons i Martí 12 | www.sunsetjazz-club.com*

## ÜBERNACHTEN

### BELLMIRALL

Charmant-altmodische Pension im Zentrum. Alle Zimmer haben Natursteinwände. *7 Zi. | C/ de Bellmirall 3 | Tel. 972204009 | www.bellmirall.eu | €€*

### HOTEL HISTÒRIC

Die Gemäuer stammen aus dem 8./9. Jh., das Mobiliar ist von den Eigentümern selbst angefertigt worden. *8 Zi. | C/ de Bellmirall 4a | Tel. 972223583 | www.hotelhistoric.com | €€€*

### HOTEL MUSEU LLEGENDES DE GIRONA

Modernes Hotel in einem alten Stadthaus, mit individuell eingerichteten Zimmern und einem „Liebesnest" für Romantiker. *15 Zi. | Portal de la Barca 4 | Tel. 972220905 | www.llegendeshotel.co | €*

## AUSKUNFT

### OFICINA MUNICIPAL DE TURISME

*Rambla de la Llibertat 1 | Tel. 972226575 | www.girona.cat*

## ZIELE IN DER UMGEBUNG

### INSIDER TIPP CALDES DE MALAVELLA

(128 B3) (*C10*)
Das Heilbad 17 km südlich von Girona schätzten schon die Räumer, den Katalanen ist der Ort vor allem wegen des dort abgefüllten Mineralwassers Vichy Catalan ein Begriff. Wer auf dem Weg dorthin die NII nimmt, spart die Mautgebühr für die Autobahn! In heißen und kalten Becken planschen können Sie im modernistischen Kurhotel *Balneari Vichy Catalan (86 Zi. | Av. Dr. Furest 32 | Tel. 972470000 | www.hotelbalnearivichycatalan.cat | €€€)* oder in der Villa *Balneari Prats (76 Zi. | Plaça Sant Esteve 7 | Tel. 972470051 | www.balneariprats.com | €€€)*.

### MONESTIR DE SANT DANIEL

(126 A4) (*C8*)
Durch das schöne Tal von Sant Daniel erreichen Sie in ca. 3 km das Benediktinerinnenkloster Sant Daniel mit dem Grab des Heiligen Daniel. Neben der Kirche aus dem 11. Jh. ist der INSIDER TIPP doppelstöckige Kreuzgang, oben gotisch, unten romanisch, sehenswert. *2 km vom Stadtrand*

### SANT PERE DE GALLIGANTS

(126 A4) (*C8*)
Das Benediktinerkloster aus dem 10. Jh. gehört mit seinem achteckigen Turm zu den reinsten romanischen Bauwerken der Provinz. *Plaça de Santa Llúcia 8 | am Stadtrand*

# LLORET DE MAR

(128 B–C5) (*D12*) **An ★ Lloret de Mar scheiden sich die Geister: Für die einen ist es das Amüsierparadies schlechthin, für die anderen eine Hochburg des schlechten Geschmacks.**
Sicher ist, dass kein Ort an der Costa Brava das Image dieser Region so geprägt hat wie Lloret (15 000 Ew.). Dank des 5 km langen Strandes und eines rund um die Uhr tobenden Amüsierbetriebs verzehnfacht sich die Einwohnerzahl im Sommer. Dabei hat der Ort auch stille Ecken.

## SEHENSWERTES

### CAN GARRIGA

Lieben Sie Schiffe? Das Meeresmuseum an der Strandpromenade präsentiert eine große Sammlung von Schiffsmodellen und Objekte rund ums Segeln. *März–Okt. tgl. 10–13 und 16–19 Uhr, Nov.–Feb. Mo–Sa 9–13.30 und 15.30–18 Uhr, So 9–14 Uhr | Eintritt 4 Euro | C/ Camprodon i Arrieta 2*

### DONA MARINERA

Eine Frau grüßt die heimkehrenden Boote: Die Bronzestatue des katalanischen Bildhauers Ernest Maragall hat all den Frauen ein Denkmal gesetzt, die in Lloret de Mar sehnsüchtig auf die Rückkehr ihrer Männer vom Fischen gewartet haben. *Am Südende des Strandes von Lloret*

### PASEO DE MAR

Die palmengesäumte Strandpromenade führt am Rathaus und an stattlichen Bürgerhäusern aus dem 19. Jh. vorbei. Hinter der Promenade sind in den Altstadtgassen noch einige Häuser aus dem 16. Jh. gut erhalten.

### SANTA CRISTINA

Die Kapelle aus dem 18. Jh. mit italienischem Marmoraltar ist am 24. Juli Ausgangspunkt einer Bootsprozession mit der Figur der heiligen Christina. *Platja de Santa Cristina (ausgeschildert)*

## ESSEN & TRINKEN

Es gibt unzählige Bars, Fast-Food-Läden, Billigrestaurants, aber auch Lokale mit gehobener Küche und gutem Standard.

### INSIDER TIPP BODEGA SA XARXA

Tapas und Montaditos (kleine belegte Brote) in einer bei Einheimischen beliebten, urigen Kneipe. Der Wein vom Fass wird literweise verkauft. Auch Würste, Käse, Schinken. *Tgl. | C/ Senia del Barral | Tel. 972364115* | €

### INSIDER TIPP FREU

Das junge Kochtrio Núria Camps, Pep Arbós und Nacho Arregui hat sich der klassischen Mittelmeerküche verschrieben. Mit saisonalen Marktprodukten zaubern sie kreative Gerichte wie Kalbskeule im Ofen oder pochierte Austern. Das Ambiente ist großzügig und zurückhaltend modern. *Tgl., Juli/Aug. nur abends |*

Strandleben: Lloret de Mar prägt wie kein anderer Ort das Image der Costa Brava

*Ctra. de Tossa | Tel. 972369326 | www.freurestaurant.com* | €€€

**LA PARRILLA**
Spanische Hausmannskost in familiärem Ambiente und zu guten Preisen. Der Strand ist nur ein paar hundert Meter entfernt. *Tgl. | C/ Santa Lucia 13 | Tel. 972369636* | €€

## EINKAUFEN

In Lloret dominieren preiswerte Artikel, alles von der trendigen Sonnenbrille bis zum dekorativen T-Shirt. Markttag ist dienstags in der Carrer Senia de Rabic.

## FREIZEIT, SPORT & STRÄNDE

Der über 1 km lange Stadtstrand *Platja de Lloret* – etwas grobkörniger Sand mit kompletter Infrastruktur – ist zu jeder Tageszeit stark besucht, etwas ruhiger ist die piniengesäumte *Platja de Fanals* weiter südlich. 2 km nördlich des Orts befindet sich die von Felsen umgebene *Cala Canyelles*. Über einen kurzen Waldweg (Parkplatz in der Nähe) geht es zur windgeschützten *Platja de Santa Cristina y Treumal*, Naturfreunde und Nacktbader bevorzugen die nur zu Fuß erreichbare Bucht *Cala Sa Boadella*.

**BOOTSAUSFLÜGE**
Die Katamarane von *Catamaran Lloret (4 Std. inkl. Wasserspiele und Verkostung ca. 40 Euro | Tel. 627003307 | www.catamaranlloret.com)* stechen zweimal täglich in See zu – dann nicht mehr ganz so einsamen – Buchten.

## AM ABEND

Lloret ist berühmt für sein Nachtleben. In den Straßen hinter dem Rathaus befinden sich die meisten Diskos und Bars.

**COLOSSOS**
Schaumpartys und internationale DJs sind Standard in Llorets berühmtes-

Überschäumende Partystimmung in Lloret de Mar

ter Disko. Im unteren Bereich Disco und Mainstream, im oberen Floor Hip-Hop und R 'n' B. *Tgl. 22–5 Uhr | Eintritt je nach Musikangebot | Av. Just Marlès 38 | Tel. 972365176 | www.discocolossos.com*

### GRAN CASINO COSTA BRAVA

Dreistöckiger Glückstempel, teils unterhalb der Gärten des Hotels Monterrey gelegen, mit Roulette, Poker und Co. Auch bargeldlose Spiele. *Tgl. ab 10 Uhr | Av. Vila de Tossa 27–43 | Tel. 972361166 | www.gccb.com*

## ÜBERNACHTEN

### HOTEL ACAPULCO

Familienfreundliches Hotel mit Kinderspielplatz und zwei Pools, ca. 400 m von den beiden Hauptstränden entfernt. *200 Zi. | C/ Josep de Togores 21 | Tel. 972365498 | www.hotelacapulcolloret.com | €*

### HOTEL ANABEL

Familiengeführtes Großhotel im 70er-Jahre Stil mit Pool, Spa und Kinderbespaßung. Auch Vierbettzimmer. *240 Zi. | C/ Poeta Felicià Serra 10 | Tel. 972366200 | www.hotelanabel.com | €€*

### HOTEL MIRAMAR

Direkt an der Strandpromenade gelegen, Pool und Sauna auf dem Dach. Das Personal wacht darüber, dass Partytouristen nicht die Ruhe stören. *54 Zi. | Passeig Jacint Verdaguer 6 | Tel. 972364762 | www.hotelmiramarlloret.com | €€*

### SANT PERE DEL BOSC HOTEL

Das Luxushotel in einem behutsam umgebauten *modernisme*-Palais liegt traumhaft in einer Gartenanlage; vom Partytrubel bekommen Sie hier nichts mit. Individuell gestaltete Zimmer. *19 Zi. | Paratge de Sant Pere del Bosc | Tel. 972361636 | www.santperedelboschotel.com | €€€*

## AUSKUNFT

### OFICINA D'INFORMACIÓN TURÍSTICA

*Av. de les Alegries 3 | Tel. 972365788 | www.lloret.org*

## ZIEL IN DER UMGEBUNG

### JARDINES DE SANTA CLOTILDE

(128 B5) (*D12*)

Die 1919 im Auftrag des Marquis von Roviralta angelegten Gärten von Santa Clotilde 3 km südlich von Lloret bezaubern mit zypressenbestandenen Wegen, lauschigen Plätzen, efeuumrankten Treppen – und Traumblicken auf die Bucht *Cala Sa Boadella. April–Okt. Mo–So 10–20 Uhr, Nov.–Jan. Mo–So 10–17 Uhr, Feb.–März Mo–So 10–18 Uhr | Eintritt 5 Euro | Paratge de Santa Clotilde*

# TOSSA DE MAR

KARTE AUF SEITE 131
(129 D4) (*D–E12*) **Als der russische Maler Marc Chagall 1933 ★ Tossa de Mar besuchte, nannte er es „das blaue Paradies".**

Nicht nur Künstler sind begeistert von dem malerisch an einem Felsen gelegenen Städtchen (3300 Ew.). Familien freuen sich über vier feinsandige Strände, die Nähe zu Barcelona lockt auch Katalanen an.

## SEHENSWERTES

### MUSEU MUNICIPAL

In der Casa Falguera aus dem 14. Jh. sind neben Werken katalanischer Künstler auch einige Bilder internationaler Maler wie Marc Chagall und André Masson ausgestellt. *Juni–Sept. Mo–So 10–20 Uhr, Okt.–Mai Di–Fr 9–13.30 und 15–17 Uhr, Sa 10–14 und 16–18 Uhr, So 10–14 Uhr | Eintritt 3 Euro | Plaça Pintor Roig i Soler 1*

**VILA VELLA**

Die Altstadt mit ihren sehr gut erhaltenen Stadtmauern, die im 11. Jh. gegen Piraten errichtet wurden, und den hübschen Fischer- und Bürgerhäusern lohnt trotz der Touristenmassen, die sich im Sommer über die Straßen schieben, einen ausgedehnten Bummel. Vom Hügel haben Sie einen INSIDER TIPP herrlichen Blick über die Küste. Geführte Touren auf Englisch, Französisch und Spanisch bietet *Tossatour Experience (10–12 Euro p. P. | Tel. 625653890 | www.tossatourexperience.com)* an.

## ESSEN & TRINKEN

**BAR LA LLUNA**

Ordentliche Tapas in malerischer Altstadtbar mit kleiner Terrasse. *Tgl. | C/ Abat Oliba 10 | Tel. 972342523 | €*

**LA CUINA DE CAN SIMON**

Die ehemalige Fischerkneipe hat sich unter Regie der Brüder Xavier und Josep-Maria Lores zum Sterne-Restaurant gemausert. Moderne katalanische Küche. *Im Winter So abends, Mo/Di geschl. | C/ del Portal 24 | Tel. 972341269 | €€€*

**MARINA**

Traditionelles Terrassenrestaurant in einer Seitenstraße. Paella, auch preiswerte Drei-Gänge-Menüs. *Sept.–Mai Mo/Di geschl. | C/ Tarull 6 | Tel. 972340757 | €*

**SANTA MARTA**

Malerisch in der Altstadt gelegenes katalanisches Restaurant. Spezialität ist INSIDER TIPP *cim-i-tomba*, ein Fischtopf aus Rochen, Kartoffeln und *allioli*. *Tgl. | C/ Francesc de Paula Aromí 2 | Tel. 972340472 | €€€*

## EINKAUFEN

**WOCHENMARKT**

Ein Kleidermarkt mit einigen Obst- und Gemüseständen findet Do 8–14 Uhr statt. *Av. Joan Maragall*

## GROSSES KINO

Als Ava Gardner 1950 in Tossa de Mar „Pandora und der fliegende Holländer" drehte, drängten sich schon frühmorgens die Fischer am Set, um einen Blick auf die dunkelhaarige Schöne zu werfen. Ihre Affäre mit Schauspielkollege Mario Cabré bewegte Lover Frank Sinatra zu einem Atlantikflug und dramatischen Eifersuchtsszenen. Mit der Ruhe war es in dem Fischerdorf vorbei. An den großen Auftritt der Diva erinnert noch heute eine Bronzestatue. Auch in Begur brachte Hollywood Glamour ins triste Franco-Spanien. Dort drehte Elizabeth Taylor 1959 „Plötzlich im letzten Sommer" – und schockierte den Hotelier, als sie sich klatschnass auf einen silberbestickten Bettüberwurf warf. Im Vergleich dazu waren die Dreharbeiten zur Fantasy-Fernsehserie „Game of Thrones" in Girona fast langweilig. Die brachten 2015 in erster Linie Straßensperrungen – und viel Geld, geschätzte 3,6 Mio. Euro.

Tossa de Mar: Strandleben vor mittelalterlicher Kulisse

## FREIZEIT, SPORT & STRÄNDE

### STRÄNDE

Tossa hat drei saubere, gut ausgestattete Strände: *Platja Gran* und *Platja del Reig* vor der Stadt, *Platja de Mar Menuda* am nördlichen Stadtrand und unter der Stadtmauer die Felsenbucht *Es Codolar*.

### TAUCHEN

Bei *Andreas Diving (C/ Sant Ramon de Penyafort 11 | Tel. 972342026 | www.andreas-diving.com)* können Sie Kurse buchen und Ausrüstung leihen.

## AM ABEND

Bars und Restaurants befinden sich in der *Carrer Portal*.

## ÜBERNACHTEN

### DIANA

Im 100 Jahre alten Haus sind alle Zimmer mit schön gekachelten Böden und teilweise auch mit Jugendstilmöbeln ausgestattet. *21 Zi. | Plaça d'Espanya 6 | Tel. 972341886 | www.diana-hotel.com |* €€€

### HOSTAL L'ALBA

Zentral gelegene Pension. Die Zimmer sind klein, aber fast alle haben Balkon. *21 Zi. | C/ Giverola 3 | Tel. 972340859 | www.hostalalba.es |* €

## AUSKUNFT

### OFICINA MUNICIPAL DE TURISME

*Av. de Pelegrí 25 | am Busbahnhof | Tel. 972340108 | www.infotossa.com*

## ZIELE IN DER UMGEBUNG

Mehrere hübsche Buchten sind größtenteils über den Küstenwanderpfad *Camí de la Ronda* verbunden. Besonders schön: *Cala Morisca (5 km südlich)* und *Cala Bona (3 km nördlich)*. Wegbeschreibungen im Touristenbüro.

# BARCELONA

**KARTE IM HINTEREN UMSCHLAG** (0) *(🕮 0)* **Die quicklebendige Metropole, Hauptstadt der Autonomen Region, ist mit ihrer reichen Kultur- und Kunstszene eins der beliebtesten europäischen Reiseziele.**

*Barcelona* (2 Mio. Ew.) hat sich im Laufe seiner 2000-jährigen Geschichte immer wieder neu erfunden, am erfolgreichsten bei den Olympischen Spielen von 1992. Alles über Barcelona finden Sie im MARCO POLO Reiseführer „Barcelona“.

## SEHENSWERTES

Die meisten Sehenswürdigkeiten können Sie zu Fuß erreichen, die weiter entfernten Ziele bequem per Metro oder Bus. Oder Sie steigen in den *Bus Turístic (tgl. ab 9 Uhr von der Plaça de Catalunya | Tageskarte 27 Euro)*, der auf drei Routen an vielen Attraktionen hält.

**BARCELONETA** (U E5–6) *(🕮 e5–6)*
Das ehemalige Fischerviertel zwischen Strand und altem Hafen gehört bei Touristen und Einheimischen zu den beliebtesten Zielen der Stadt: In den engen Gassen flattert die Wäsche im Wind, es duftet nach Fisch.

**BARRI GÓTIC** ★ (U D3–4) *(🕮 d3–4)*
Im Gotischen Viertel schlägt das Herz von Barcelona. In der verwinkelten Altstadt befinden sich mit Kathedrale, Palau Reial und dem Judenviertel Call einige der Hauptsehenswürdigkeiten. In kleinen Boutiquen zeigen junge Desig-



Bild: Palau de la Música Catalana

# Jugendstilbauten und lebhafte Plätze, Flaniermeilen und enge Gassen – Barcelona ist eine Weltstadt zum Verlieben

CITY **WOHIN ZUERST?**
Die **Rambles** **(U C5–D3)** ***(🕮 c5–d3)*** sind zwar in fester Hand von Souvenirshops, als Ausgangspunkt für Stadterkundungen aber immer noch ideal: In Blickrichtung Meer geht es linker Hand zum Altstadtviertel **Barri Gótic** mit Kathedrale und hübschen Gassen, zur Rechten liegt die Markthalle **Boqueria** und das Szeneviertel **Raval**.

ner ihre Objekte, dazwischen trotzt eine Handvoll alteingesessener Geschäfte den steigenden Mieten.

## CASA MILÁ / LA PEDRERA

(U D1) *(🕮 d1)*

Eines der herausragenden Beispiele der Architektur des *modernisme*, von Gaudí 1910 gestaltet, seine letzte Arbeit, bevor er sich der Sagrada Familia widmete. Das Wohngebäude mit kurviger Fassade, in das Balkone eingelassen sind, wird im Volksmund *La Pedrera* (der Steinbruch) genannt. Aufsehen erregte der Bau von 1910 seinerzeit auch wegen seiner hellen und luftigen Wohnräume. Im Innern kann eine Wohnung im *modernisme*-Stil besichtigt werden, auch ein Spaziergang auf dem Dach mit seinen berühmten Bischofsmützchen lohnt. Wer Schlangen vermeiden will, kauft online. *Nov.–Feb. tgl. 9–18.30 Uhr, März–Okt. tgl.*

Vom Papst zur *basilica minor* geweiht: Antoni Gaudís Kathedrale Sagrada Família

*9–20.30 Uhr | Eintritt 20,50 Euro | Passeig de Gràcia 92 | www.lapedrera.com*

**CATEDRAL** (U D3) (*d3*)

Mit dem Bau der gotischen Kathedrale wurde 1298 begonnen, erst im 19. Jh. war sie vollendet. Im sehenswerten Kreuzgang erinnern 13 Gänse an die Heilige Eulàlia, eine Schutzpatronin der Stadt. *Tgl. 8–19.30 Uhr | Eintritt 8–12.45 und 17–19.30 Uhr kostenlos, 13–17 Uhr 6 Euro | Plaça de la Seu*

**LA BOQUERIA** (U C4) (*c4*)

Hübsch drapierte Obst- und Gemüsepyramiden, riesige Fischstände: Die 1840 eröffnete Markthalle an den Rambles ist trotz Besuchermassen ein Fest für die Sinne. In den Marktbars können Sie Tapas und Weine probieren. *So geschl.*

INSIDER TIPP **MUHBA MUSEU D'HISTÒRIA DE BARCELONA** (U D4) (*d4*)

Das stadtgeschichtliche Museum bietet Archäologie zum Anfassen, von den Ruinen des römischen Barcino bis zum königlichen Saló Tinell. *Di–Sa 10–19 Uhr, So 10–20 Uhr | Eintritt 7 Euro | Placa del Rei | www.museuhistoria.bcn.cat*

**MUSEU D'ART CONTEMPORANI** (U C3) (*c3*)

Der strahlend weiße Museumsbau von Richard Meier inmitten des ehemals verruchten Stadtteils Raval ist Treffpunkt der Skateboard-Szene. Die Sammlung umfasst etwa 2000 Werke zeitgenössischer Künstler, außerdem gibt es Räume für wechselnde Ausstellungen. *Mo/Mi–Fr 11–19.30 Uhr, Sa 10–21 Uhr, So 10–15 Uhr | Eintritt 10 Euro | Plaça dels Àngels 1 | www.macba.cat*

**MUSEU PICASSO** (U E4) *(e4)*
Das Museum liefert einen guten biografischen Überblick über das Schaffen des Malergenies, mit Schwerpunkt auf der Frühzeit. *Di–So 9–19 Uhr, Do bis 21.30 Uhr | Eintritt 11 Euro | C/ de Montcada 15–23 | www.museupicasso.bcn.es*

**PALAU DE LA MÚSICA CATALANA** (U E3) *(e3)*
Mit seiner opulenten Fassade, den Keramikblüten und der riesigen Glaskuppel ist der Musikpalast von Lluis Domènech i Montaner eines der Vorzeigegebäude des *modernisme*. Den prachtvollen Bau können Sie bei einer INSIDER TIPP knapp einstündigen Führung *(tgl. 10–15.30 Uhr | Eintritt 18 Euro)* in Spanisch, Französisch, Englisch und Russisch von innen besichtigen. *C/ Palau de la Música 4–6 | www.palaumusica.cat*

**PARC DE LA CIUTADELLA** (U F4) *(f4)*
Der 17 ha große Park war Schauplatz der Weltausstellung von 1888 und lädt mit kleinem See, Kinderspielplatz und Wiesen zum Entspannen ein. In ihm befinden sich auch das katalanische Parlament sowie der *Zoo. Tgl. 8 Uhr bis Sonnenuntergang | Parc de la Ciutadella*

**PARK GÜELL** (0) *(0)*
Antoni Gaudí sollte hier eigentlich einen ganz neuen Stadtteil errichten. Entstanden ist ein wundersamer Park mit Mosaikbänken, Säulenhalle und Aussichtsterrasse. *Nov.–März tgl. 8.30–18.15 Uhr, April und Sept.–Nov. tgl. 8–20 Uhr, Mai–Aug. tgl. 8–21.30 Uhr | Eintritt 7 Euro | C/ d'Olot | Metro Lesseps*

**RAMBLES** (U C5–D3) *(c5–d3)*
Die platanengesäumte Flaniermeile von der Placa Catalunya zum Hafen hat schon bessere Zeiten erlebt. An den Kiosken werden überwiegend Souvenirs verkauft, Straßenkünstler gibt es nur noch im unteren Bereich, nahe der Kolumbusstatue. Fans des FC Barcelona fotografieren sich vor der *Font de Canaletes*.

**SAGRADA FAMÍLIA ★** (U F1) *(f1)*
Die berühmte Kathedrale von Antoni Gaudí ist noch immer unvollendet. Seit 1882 wird an dem tropfsteinartigen Sühnetempel gewerkelt, inzwischen stehen 8 von 18, teils 170 m hohen Türmen. In dem ausschließlich über Spenden und Eintrittsgelder finanzierten Bau sollen einmal 13 000 Menschen Platz finden. Geplantes Datum der Fertigstellung: 2026, zum 100. Todestag des Architekten. *April–Sept. tgl. 9–20 Uhr, Nov.–Feb. tgl. 9–18 Uhr, März/Okt. 9–19 Uhr | Eintritt 15 Euro | Plaça de la Sagrada Família | www.sagradafamilia.org*

## ESSEN & TRINKEN

**BAR MUNDIAL** (U E4) *(e4)*
Gute, klassische Tapas in meist proppenvoller Bar im stimmungsvollen Altstadtviertel Sant Pere. *Mo geschl. | Plaça Sant Agustí Vell 1 | Tel. 9 33 19 90 56 | €€*

INSIDER TIPP **GRANJA LA PALLARESA** (U D4) *(d4)*
Der ehemalige Milchladen von 1947 hat ganze Generationen Barcelonas bewirtet. Spezialität sind *churros*, Schmalzkrin-

**MARCO POLO HIGHLIGHTS**

★ **Barri Gótic**
Spaziergang durch Barcelonas verwinkelte Altstadt
→ S. 82

★ **Sagrada Família**
Spektakuläre Kathedrale von Antoni Gaudí – noch unvollendet → S. 85

gel, die man in dickflüssige heiße Schokolade eintaucht. Eine andere Leckerei: *suizo*, heiße Schokolade mit Sahnehaube. *Tgl. | C/ Petritxol 11 | Tel. 9 33 02 20 36*

**MARTINEZ** (U B5) *(b5)*
Toller Blick vom Montjüic über den Hafen. Unter bunten Glühlämpchen wird Fisch und Fleisch vom Holzkohlegrill serviert. *Mo geschl. | Ctra. de Miramar 38 | Tel. 9 31 06 60 52* | €€€

Schicke Teile in altem Gemäuer: Designerin Mertxe Hernandez in ihrer Boutique in Born

**SENYOR PARELLADA** (U D4) *(d4)*
Der Klassiker im Modeviertel Born. Mediterrane Küche, hübscher Innenhof. Meist sehr gut besucht, daher Reservierung sinnvoll. *Tgl. | C/ de l'Argentaria 37 | Tel. 9 33 10 50 94* | €€

**INSIDER TIPP TANTARANTANA**
(U E4) *(e4)*
Auf den Tisch kommt nur Frisches vom Markt, z. B. eine Süßkartoffel-Pastete mit Pilzen und Ei. Die Terrasse liegt hinter dem Schokoladenmuseum, ein paar Tische stehen auf der quirligen Carrer de l'Allada Vermell. *So geschl. | C/ Tantarantana 24 | Tel. 9 32 68 24 10* | €€

## EINKAUFEN

Antiquitäten finden Sie im *Barri Gótic*, besonders in der *Carrer Banys Nous* (U D4) *(d4)*; für Edelmode bekannter Marken empfiehlt sich: *Passeig de Gràcia* (U D2–3) *(d2–3)*, für individuelle Boutiquen *Carrer del Rec* und *Carrer dels Flassaders* (U E4) *(e4)* in Born; Kunst und Design: *Carrer Pintor Fortuny* und die Straßen unterhalb des *MACBA* (U C3) *(c3)*; Schuhe: *Carrer de Pelai* sowie *Portal de l'Àngel* (U D3) *(d3)*.

**INSIDER TIPP ALTAÏR** (U D2) *(d2)*
Spaniens beste Buchhandlung für Reiseliteratur, auch auf Englisch, teilweise auf Deutsch. *Gran Via de les Corts Catalanes 616 | www.altair.es*

## AM ABEND

### GRAN TEATRE DEL LICEU
(U C4) (*c4*)

Das elegante Opernhaus wurde nach einem Brand in den 1990er-Jahren teilweise neu aufgebaut. Glanzvolle Aufführungen, internationale Besetzung. *La Rambla 51–59 | Tel. 934859913 | www.liceubarcelona.cat*

### LA CASETA DEL MIGDIA
(O) (*O*)

Im Sommer lässt sich im Biergarten unter schattigen Kiefern herrlich die Zeit vertrödeln – bei entspannter Loungemusik, gelegentlichen Konzerten und tollem Blick über den Hafen. *Mirador del Migdia | Tel. 693992760 | www.lacaseta.org*

### OCAÑA (U D4) (*d4*)

Szenetreff an der Plaza Real mit exzellenten Gin Tonics und ausgefallenem Design. Selbst von den Toiletten hat man tolle Aussichten! *Plaza Real 13–15 | Tel. 936764814 | www.ocana.cat*

### RAZZMATAZZ (O) (*O*)

Einer der bekanntesten und frequentierten Läden der Stadt. Hier spielen international bekannte Bands, und angesagte DJs sorgen auf fünf Dancefloors für Bewegung. *Tgl. | C/ de Pamplona 88*

## ÜBERNACHTEN

### BLANC GUESTHOUSE (O) (*c1*)

Freundliche Zimmer in einer Pension im Stadtteil Gràcia, oberhalb der Diagonal. Metro fußläufig. *11 Zi. | C/ Tuset 27 | Tel. 936761856 | www.blancguesthouse.com* | €

### HOSTAL GOYA (U D3) (*d3*)

Zentral gelegenes Hostal, das auch zwei Apartments im Angebot hat. Modern und ansprechend gestylt, helle und komfortable Zimmer. *19 Zi. | C/ de Pau Claris 74 | Tel. 933022565 | www.hostalgoya.com* | €€

### HOTEL ESPAÑA (U C4) (*c4*)

Nahe der Rambla: alteingesessenes Hotel mit Jugendstilausstattung und preiswertem Restaurant. *80 Zi. | C/ Sant Pau 9–11 | Tel. 935500000 | www.hotelespanya.com* | €€€

## AUSKUNFT

### TURISME DE BARCELONA
(U D3) (*d3*)

*Plaça de Catalunya 17 | im Untergeschoss | Tel. 906301282 | www.barcelonaturisme.com*

## LOW BUDG€T

Während eine Einzelfahrt mit der Metro 2,15 Euro kostet, beträgt der Preis für eine Zehnerkarte nur 10,30 Euro für eine Zone.

Preiswerte dreigängige Mittagsmenüs für mitunter nur 8 Euro bekommen Sie in Markthallen wie der *Mercat de Sant Antoni (C/ Comte d'Urgell)*, der *Mercat de Galvany (C/ Santaló 65)* oder in der Markthalle der *Barceloneta*.

Sonntagnachmittag ab 15 Uhr ist der Eintritt in verschiedenen Museen frei *(www.bcn.cat/museus/diumengestarda/es)*. Noch besser: Am ersten Sonntag im Monat kosten *Museu Picasso*, *Museu Nacional d'Art de Catalunya* und *CosmoCaixa Barcelona* ganztägig keinen Eintritt.

# ERLEBNISTOUREN

## 1 COSTA BRAVA PERFEKT IM ÜBERBLICK

**START:** 1 Barcelona
**ZIEL:** 23 Portbou

Strecke:
ca. 380 km

**7 Tage**
reine Fahrzeit
8 Stunden

**KOSTEN:** Ca. 950 Euro (inkl. Unterkunft, Essen, Benzin, Maut, Eintritte) pro Person
**MITNEHMEN:** Badesachen, festes Schuhwerk, Sonnenschutz, Proviant für ein Picknick

**Wind- und wetterumtoste Klippen, hübsche Fischerorte und wildromantische Buchten: Zu einer Costa-Brava-Tour gehört aber auch das Hinterland der „wilden Küste" mit seinen historischen Städtchen und schroffen Felsenlandschaften.**

**Jeder Zipfel dieser Erde hat seine eigene Schönheit. Wenn Sie Lust haben, die einzigartigen Besonderheiten dieser Region zu entdecken, wenn Sie tolle Tipps für lohnende Stopps, atemberaubende Orte, ausgewählte Restaurants oder typische Aktivitäten bekommen wollen, dann sind diese maßgeschneiderten Erlebnistouren genau das Richtige für Sie. Machen Sie sich auf den Weg und folgen Sie den Spuren der MARCO POLO Autoren – ganz bequem und mit der digitalen Routenführung, die Sie sich über den QR-Code auf S. 2/3 oder die URL in der Fußzeile zu jeder Tour downloaden können.**

Die Tour startet in ❶ **Barcelona** → S. 82. Schlendern Sie am Vormittag durchs **Barri Gòtic** und das Modeviertel **Born**. Bei **Le Swing Vintage** *(tgl. 11–14.30, 17–20.30 Uhr | C/ del Rec 16 | Tel. 933101449 | www.leswingvintage.com)* können Sie eine schicke Vintage-Sonnenbrille erstehen. Ein paar Schritte weiter schmecken bei **Senyor Parellada** *(tgl. | C/ de l'Argentaria 37 | Tel. 933105094 | www.senyorparellada.com)* klassische katalanische Gerichte. Der Nachmittag gehört den *modernisme*-Prachtbauten am **Passeig de Gràcia** und der **Sagrada Família**.

**TAG 1**

❶ Barcelona

Bild: Park Güell in Barcelona

**TAG 2**

83 km

❷ **Lloret de Mar**

15 km

❸ **Tossa de Mar**

Am nächsten Morgen geht es **über die C 32 und die B 682** nach ❷ **Lloret de Mar → S. 76**. Vertreten Sie sich im romantischen Park **Jardines de Santa Clotilde → S. 79** mit herrlichem Blick von der Steilküste die Beine, und **spazieren Sie über den ausgeschilderten Weg** zur malerischen Bucht **Cala Sa Boadella**. **Über die Küstenstraße geht es** nach ❸ **Tossa de Mar → S. 79**. Schön ist ein Spaziergang durchs Städtchen zum **Leuchtturm** auf dem Felsen und zur **Bronzestatue von Ava Gardner**.

**TAG 3**

28 km

❹ **Caldes de Malavella**

19 km

❺ **Dolmen de la Cova d'en Daina**

16 km

❻ **Palamós**

**Durch Korkeichenwälder führt die GI 681 landeinwärts** nach ❹ **Caldes de Malavella → S. 76**. Gönnen Sie sich bei **Balneari Vichy Catalan → S. 76** ein einstündiges Thermalbad *(Reservierung notwendig | Eintritt 20 Euro)*, und probieren Sie das gleichnamige berühmte Mineralwasser. **Beim Weg zurück zur Küste Richtung Palamós auf der GI 674 führt die schmale GIV 6612 bei Romanyà de la Selva zum über 4000 Jahre alten Hünengrab** ❺ **Dolmen de la Cova d'en Daina → S. 60**. Ein schönes Plätzchen für ein Picknick! Am Hafen von ❻ **Palamós → S. 57** laufen nachmittags unter Möwengeschrei die Fischerboote ein. Nach einem Besuch des **Museu de la Pesca → S. 57** werden Sie Zeuge der lebhaften Fischversteigerung ab 16.30 Uhr. Danach schmeckt der fangfrische Fisch im Restaurant **La Gamba → S. 57** am Hafen umso besser.

**Fahren Sie über die C 31 Richtung Palafrugell nach Tamariu, und parken Sie am Parador de Aiguablava.** In den malerischen Buchten am ⑦ **Cap de Begur → S. 53**, die sich entlang der Küstenstraße GIV 6532 aneinanderreihen, können Sie locker einen halben Tag beim Sonnenbaden und Abkühlen im kristallklaren Wasser verbringen. Im nahe gelegenen ⑧ **Begur → S. 50** bummeln Sie durch den hübschen Ort und genießen die grandiose Aussicht von der Burgruine. Bei einem Abstecher ins Mittelalterstädtchen ⑨ **Pals → S. 54** ordern Sie dann im urigen **El Pedró** *(Juli/Aug. tgl., Sept.–Juni Do geschl. | C/ Placeta d'en Bou 29 | Tel. 972636983 | www.elpedropals.com | €€–€€€)* einen leckeren Reistopf *(arròs a la cassola)*.

**Über die C 31 und GI 641** gelangen Sie nach ⑩ **L'Estartit → S. 69**. Der lange, breite Strand verführt zu einem Spaziergang am Wasser. Auf den vorgelagerten Inseln ⑪ **Illes Medes → S. 69** tummeln sich riesige Zackenbarsche zwischen den Riffen, die Sie bei einem Tauchgang oder INSIDER TIPP durch den Glasboden eines umgebauten Fischerbootes über **Excursions Marítimes Núria** *(zweistündige Touren um 11, 13, 15, 17 Uhr | 20 Euro | Passeig Marítim 34 | Tel. 652942872 | www.barcanuria.com)* beobachten können. Kehren Sie auf dem Rückweg in ⑫ **Torroella de Montgrí → S. 66** nach einem Spaziergang durch die Altstadt im Terrassencafé **La Bohème Terrassa → S. 67** für ein paar Tapas zum Lunch ein. Am Nachmittag **geht es über die GI 632** nach ⑬ **L'Escala → S. 40**. Nach einem Altstadtbummel **laufen Sie Richtung Norden – erst entlang der Küstenstraße, dann über einen Dünenweg** – zu kleinen Buchten und nehmen ein erfrischendes Bad im Meer, bevor Sie in den Ruinen von ⑭ **Empúries → S. 42** herumspazieren. **Der Dünenpfad führt weiter ins Mittelalterdorf** ⑮ **Sant Marti d'Empúries → S. 42**. Lassen Sie den Tag auf dem Platz vor der Kirche bei einem Glas Wein ausklingen, bevor Sie sich im traumhaft zwischen L'Escala und Sant Marti d'Empúries gelegenen ⑯ **Hostal Spa Empúries → S. 41** zur Ruhe betten.

Heute geht es in den ⑰ **Parc Natural dels Aiguamolls de l'Empordà → S. 49**, eine riesige Teich- und Dünenlandschaft. Vergessen Sie nicht, Proviant für ein Picknick einzupacken! Im **Besucherzentrum in El Cortalet, zu erreichen über die GI 623 und GIV 6216,** können Sie sich mit Wanderkarten eindecken und Ferngläser ausleihen, um die mehr als 300 Vogelarten zu beobachten. Nach so viel Na-

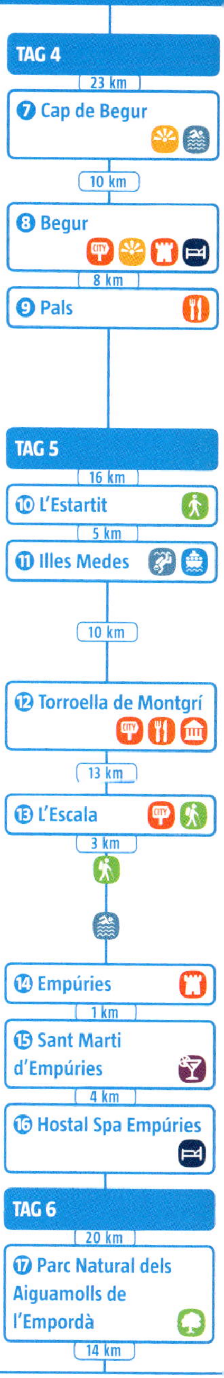

tur **führt die C 260 nach 18 Figueres → S. 37**, wo neben dem **Teatre-Museu Dalí → S. 38** vor allem die riesige Verteidigungsanlage **Castell de Sant Ferran → S. 37** imposant ist. Romantischer als in der Provinzstadt logieren Sie im 20 Minuten entfernten **19 Castelló d'Empúries → S. 48** mit seiner hübschen gotischen Kirche.

**Hinter Roses → S. 46 beginnt auf der GI 614 eine abenteuerliche Kurvenfahrt** durch die schroffe Felsenlandschaft des **Parc Natural del Cap de Creus → S. 36** mit zahlreichen Aussichtspunkten. In **20 Cadaqués → S. 32**, das sich den Charme eines Fischerdorfs erhalten hat, essen Sie im **Es Baluard → S. 34** mit herrlichem Blick auf die Bucht zu Mittag. **Auf dem Rückweg durch den Naturpark geht es nach ca. 10 km auf die GI 613 Richtung 21 El Port de la Selva → S. 45**. Nach einem Spaziergang am Strand **führt die serpentinenreiche GIP 6041 hinauf zur Benediktinerabtei 22 Sant Pere de Rodes → S. 45**. Was für ein grandioser Blick auf Berge und Buchten! **Kehren Sie zurück zur GI 613/612, und fahren Sie die Küstenstraße** – wieder mit atemberaubenden Ausblicken, diesmal auf Klippen und Meer – über **Llançà → S. 42** und **Colera → S. 46 bis zur Grenzstadt 23 Portbou → S. 45**. Eindrucksvoll ist die direkt am Meer gelegene begehbare Eisenskulptur **Passatges → S. 46**, die dem deutschen Philosophen Walter Benjamin gewidmet ist.

## 2 RADTOUR IM BAIX EMPORDÀ

**START:** 1 Torroella de Montgrí
**ZIEL:** 1 Torroella de Montgrí

Strecke: ca. 45 km — leicht — Höhenmeter: 117 m

**1 Tag**
reine Fahrzeit
3 Stunden

**KOSTEN:** 13–25 Euro Fahrradmiete, Rundflug ab 60 Euro pro Person
**MITNEHMEN:** Wasser, Sonnen- und Mückenschutz

**ACHTUNG:** An wichtigen Weggabelungen ist die Strecke zum jeweils nächsten Ort ausgeschrieben.
Die Fahrradsaison dauert von Ostern bis November. Nach heftigen Regenfällen ist die Strecke ab Pals zuweilen verschlammt.
**1 Torroella de Montgrí:** E-Bikes verleiht **Electric Bici Moto 3e** *(C/ Sant Agustí 2 | Tel. 972 11 93 63 | www.ebicimoto3e.es)*.
**7 Aeroclub Empordà:** Rundflüge online vorbuchen auf *www.flycostabrava.com*

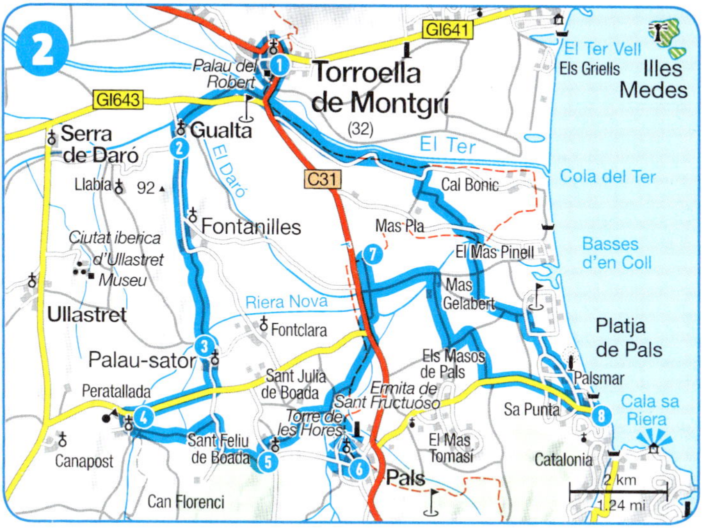


**Die Flüsse Ter und Daró haben die von sanften Hügeln durchzogene Ebene fruchtbar gemacht – und schon früh Menschen hierher gelockt. Die Radtour durchs Baix Empordà führt Sie durch Reisfelder und Dörfer, in denen die Zeit seit dem Mittelalter stehen geblieben scheint.**

**09:00** Bevor Sie sich in der Königsstadt **1 Torroella de Montgrí** → S. 66 bei **Cicles JK** *(Av. Lluís Companys 69 | Tel. 607314996 | www.ciclesjk.com)* ein Rad leihen, stärken Sie sich bei **La Bohème Terrassa** → S. 67 mit einem üppig belegten Tortillabrötchen. **Überqueren Sie den Fluss Ter, und fahren Sie auf dem schilfbewachsenen schmalen Uferweg entlang des Flusses, dann am Kanal** bis **2 Gualta**. An der hübschen alten Brücke am Ortseingang empfängt Sie Entengeschnatter. **Nach etwa 2 km weiter auf der Hauptstraße halten Sie sich vor dem Ortseingang von Fontanilles rechts und fahren durch Mais- und Getreidefelder bis 3 Palau Sator**. Rings um den alten Wehrturm drängen sich noch heute bewohnte, mittelalterliche Bauten. **Verlassen Sie Palau Sator halb rechts über die Carrer Extramurs und Carrer Mota, und radeln Sie bis 4 Peratallada** → S. 56. Bei einem Bummel durch die mittelalterlichen Gassen lässt sich herrlich die Zeit vertrödeln. Fürs Mittagessen empfiehlt sich das verspielt eingerichtete Gourmetrestaurant **Candelaria** *(tgl. | C/ Major 9 | Tel. 972634181 | www.candelariaperatallada.com | €€€)*.

**1 Torroella de Montgrí**

4 km

**2 Gualta**

4 km

**3 Palau Sator**

3 km

**4 Peratallada**

| | |
|---|---|
| | 4 km |
| ❺ Sant Feliu de la Boada | |
| | 4 km |
| ❻ Pals | |
| | 6 km |
| ❼ Aeroclub Empordà | |
| | 8 km |
| ❽ Platja de Pals | |
| | 13 km |
| ❶ Torroella de Montgrí | |

**13:30** Erstehen Sie bei **Cal Tuset** *(Plaça de l'Oli 1 | www.caltuset.net)* ein paar INSIDER TIPP hausgebackene Cupcakes *(magdalenes)*. **Am Parkplatz am Ortsausgang fahren Sie Richtung Pantaleu und Sant Feliu de la Boada.** Zu Ihrer Rechten spenden bald Steineichen- und Olivenwäldchen Schatten. **Vorbei an den trutzigen Gehöften von Pantaleu, halten Sie sich nach 300 m links und fahren in leichtem Auf und Ab bis** ❺ **Sant Feliu de la Boada**, wo Sie am Dorfbrunnen Ihre Wasserflaschen auffüllen und den süßen Nachtisch genießen. Mit schönem Blick auf die Illes Medes geht es über die weite Ebene bis nach ❻ **Pals** → S. 54. Spazieren Sie zum **Castell** und zur Kirche **Sant Pere**. **Über die Carrer de la Font Richtung Norden folgen Sie dem Wanderweg GR 92 bis zur C 31. Nach einem kurzen Stück auf der Straße verläuft der Weg parallel zur Fahrbahn durch Reisfelder.** Lust auf einen Perspektivwechsel? Vom ❼ **Aeroclub Empordà** *(Tel. 619709026 | www.flycostabrava.com)* starten Ultraleichtflugzeuge zu 20- bis 60-minütigen Rundflügen.

**16:00** Von hier aus geht's **schnurstracks Richtung Meer**, zu den Campingplätzen an der grobsandigen ❽ **Platja de Pals**. Brandseeschwalben und Haubentaucher leisten Ihnen beim Bad nahe der Flussmündung Gesellschaft. **Entlang des gemächlich dahinfließenden Ter geht es zurück** nach ❶ **Torroella de Montgrí** → S. 66, wo Sie Ihr Fahrrad abgeben. Vor dem Abendessen im **Palau Lo**

Süße Stärkung auf der Radtour: frisch gebackene *magdalenes* von Cal Tuset

**Mirador** → S. 67 bleibt noch Zeit für einen schönen Bummel durch die Altstadt.

# 3 ZU FUSS ZU EINSAMEN BUCHTEN

**START:** ① Platja de la Fosca
**ZIEL:** ① Platja de la Fosca

1 Tag
reine Gehzeit
4 Stunden

Strecke: 12 km
leicht
Höhenmeter: 93 m

**KOSTEN:** 20 Euro (inkl. Picknick und Eintrittspreis) pro Person
**MITNEHMEN:** Badesachen, Schnorchelausrüstung, Wasser, Proviant, Sonnenschutz, festes Schuhwerk, wasserfeste Sandalen

**ACHTUNG:** Die Route führt teilweise entlang des rot-weiß markierten Küstenwanderweges GR 92, teilweise über Strände. Orientierung geben Wegweiser zu den jeweiligen Buchten *(calas)*.
Wem die Wanderung zu lang ist, macht an der ⑧ **Cala Estreta** (Gehzeit: knapp 3 Stunden) kehrt.
Der Abstieg zu manchen *calas* ist schwierig. Mit kleineren Kindern ist der Weg nur bis zur ④ **Platja del Castell** geeignet.

**Den Bettenburgen in Lloret de Mar und Platja d'Aro zum Trotz: Es gibt tatsächlich noch kleine, fast unberührte Buchten an der Costa Brava – wie diese nördlich von Palamós. Machen Sie sich auf eine erlebnisreiche Entdeckungstour zu Fuß – inklusive Baden, Kajak fahren und Schnorcheln.**

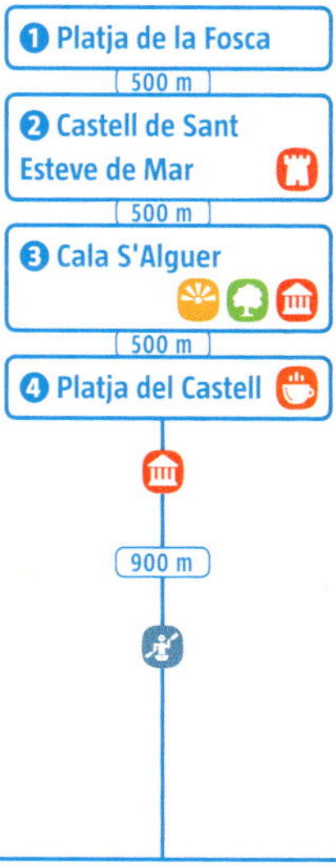


**09:00** Am feinsandigen Strand ① **Platja de la Fosca** → S. 58 beginnt die Rundwanderung. **Ein Stufenweg führt hoch zur Burgruine** ② **Castell de Sant Esteve de Mar** am Nordende des Strandes. **Entlang einer Steinmauer** spazieren Sie, von Pinien beschattet, zur ③ **Cala S'Alguer**: Die Fischerhäuschen mit ihren bunt lackierten Türen sind ein INSIDER TIPP tolles Fotomotiv!

Am Sandstrand ④ **Platja del Castell** ist Zeit für einen Kaffee in einer der beiden Bars! Vielleicht erzählt Ihnen der Wirt die Geschichte des verlassenen Landguts **Mas Juny**, an dem Sie gerade vorbeigegangen sind. In der rosa getünchten Villa feierte in den 1920er- und 1930er-Jahren die europäische Kulturszene. Jetzt macht es Spaß, am Strand bei **Kayaking Costa Brava** *(Juni–Sept. 10–19 Uhr | ab 11 Euro pro Stunde | Tel. 972773806 | www.kayakingcostabrava.com)* ein Kajak zu mieten und an der felsigen Küste entlangzupaddeln.

5 Barraca d'en Dalí

600 m

6 Poblat Ibèric

50 m

7 Cala Sa Foradada

2 km

8 Cala Estreta

900 m

9 Cala del Crit

600 m

10 Cap Roig

300 m

11 Jardins de Cap Roig

Etwas versteckt im Wald liegt die 5 **Barraca d'en Dalí**. Im heute leer stehenden Natursteinhaus mit der schräg eingelassenen Tür hatte Dalí zwar ein Atelier, aber dort kein einziges Bild gemalt. Nach einem Spaziergang durch die Ruinen des iberischen Dorfes 6 **Poblat Ibèric** auf der kleinen Anhöhe können Sie Ihr nächstes Ziel in Augenschein nehmen, die 7 **Cala Sa Foradada**. Kajakfahrer lieben die Bucht mit dem durchlöcherten Felsen! **Der Weg steigt durch ein Pinienwäldchen an. Um zum Meer zurückzukehren, folgen Sie dem Wegweiser zur Cala Canyers**.

12:30 An der 8 **Cala Estreta**, der schönsten Bucht der Tour, packen Sie Ihr Schnorchelset aus: Das Wasser ist kristallklar, auf dem halb sandigen, halb steinigen Grund tummeln sich Fische und Krebse! Wenn Sie sich sattgesehen haben, heißt es wasserfeste Sandalen anziehen. **Am Strand laufen Sie**, entlang der auch bei Nacktbadern beliebten Buchten **Cala de Roca Bona** und **Cap de Planes**, zur 9 **Cala del Crit** mit ihren kleinen Fischerhäuschen. Springen Sie in die Fluten, bevor Sie **eine Treppe hoch** zum 10 **Cap Roig** steigen. **Der GR 92 führt zu den** 11 **Jardins de Cap Roig** → S. 60. In diesem herrlichen Landschaftsgarten spazieren Sie durch die mediterrane Pflanzenpracht, vorbei an zeitgenössischen Skulpturen, bis Sie zur **Placita del Té** gelangen – mit phantastischem Ausblick aufs Meer.

14:30 Im Park ist Picknicken nicht erlaubt, packen Sie Ihren Proviant daher im Kiefernwäldchen aus, bevor Sie **über die GR 92 übers Landesinnere zurück zur Platja del Castell laufen. Auf bekanntem Weg geht es zurück zur** ❶ **Platja de la Fosca** → S. 58. Zum Abschluss der Wanderung lassen Sie sich in der Strandbar **SansiBAR** *(Hostal La Fosca | Passeig de la Fosca 29 | Tel. 972 60 10 71 | www.brugarol.com | €–€€)* hauseigenen Käse, Wein und frischen Fisch schmecken!

5 km

❶ Platja de la Fosca

# 4 AUF DEN SPUREN VON DALÍ

**START:** ❶ Figueres
**ZIEL:** ❼ Compartir

Strecke:
ca. 60 km

**2 Tage**
reine Fahrzeit
2 Stunden

**KOSTEN:** 200 Euro für Benzin, Eintritte, Essen und Übernachtung (ohne Weinverkostung) pro Person
**MITNEHMEN:** Badesachen, festes Schuhwerk, Windjacke

**ACHTUNG:** ❹ **Port Lligat:** Der Zutritt zum Wohnhaus von Salvador Dalí ist nur in kleinen Gruppen möglich, daher unbedingt (in der Hochsaison eine Woche vorher) reservieren!
❷ **Celler Martín Faixo:** Weinprobe reservieren unter *Tel. 667 53 10 18*

**Salvador Dalís Ruhm reicht um die Welt, sein Werk aber erklärt sich auch aus der Landschaft des Alt Empordà. Auf der zweitägigen Tour erkunden Sie die Geburtsstadt des exzentrischen Surrealisten und entdecken die Quellen seiner Inspiration.**

**TAG 1**

❶ Figueres

Ziel im Landstädtchen ❶ **Figueres** → S. 37 ist ein Gebäude mit gigantischen Eiern auf dem Dach und dreieckigen Brotlaiben als Fassadenschmuck: das **Teatre-Museu Dalí** → S. 38, eine Hommage von Salvador Dalí an sich selbst. Dalíeske Mitbringsel wie schmelzende Uhren für die Küche finden Sie im benachbarten **Surrealism Store** *(So geschl. | Plaça Gala i Salvador Dalí 7 | www.surrealismstore.com)*. Beim anschließenden Streifzug durch die Altstadt schmecken ein paar Tapas in der **Sidreria Txot's** → S. 38.

31 km

**Machen Sie sich auf der C 260 über Vila-Sacra, Castelló d'Empúries und Santa Margarida auf** zum **Parc Natural del Cap de Creus** → S. 36. In scharfen Serpentinen windet sich die **G 614** durch die wilde Landschaft. **Dort, wo die G 613 nach Port de la Selva abgabelt, halten Sie rechter-**

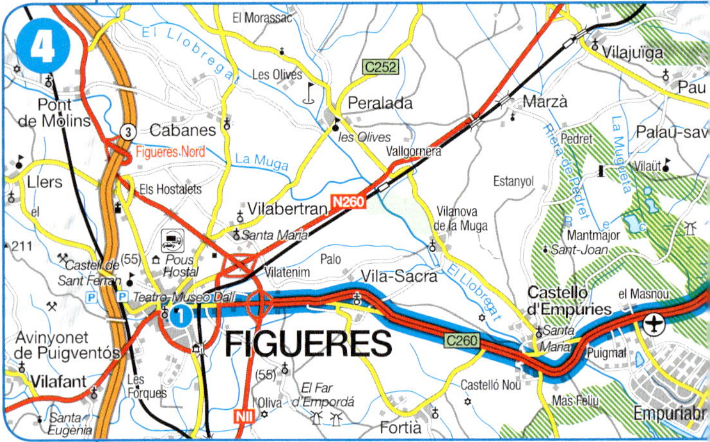


**2 Celler Martín Faixo**

5 km

**3 Cadaqués**

**hand** bei der **2 Celler Martín Faixo** *(Ctra. de Cadaqués | www.cellermartinfaixo.com)*, einem idyllischen Weingut aus dem 14. Jh. Bei einer Verkostung INSIDER TIPP probieren Sie ökologisch angebaute Spitzenweine. **Nach einer Viertelstunde Autofahrt ist 3 Cadaqués → S. 32** erreicht. Das malerisch gelegene Fischerdorf lockte schon Anfang des 20. Jhs. Künstler aus Europa und den USA an; was die Kreativen heute treiben, zeigen die Galerien rund um die Carrer **Horta d'en sanés** und **Carrer Unió**. Lassen Sie den Abend im **Casino de Cadaqués → S. 35** am Hafen ausklin-

Geruhsamer, hübscher Küstenort: Ein paar Yachten dümpeln im Hafen von Cadaqués

gen, natürlich erst, nachdem Sie einen Blick in die Ausstellung im ersten Stock geworfen haben.

Der Tag beginnt mit Dalí. Erst lernen Sie seine Werke im **Museu de Cadaqués → S. 33** kennen, dann geht es nach einem Mittagsimbiss im **Es Racó → S. 34** am Hafen nach **4 Port Lligat → S. 36**. Dort hat Dalí mit seiner Frau und Muse Gala in einer umgebauten Fischerhütte gelebt und gearbeitet. Von Dalís Atelier geht der Blick auf die Felslandschaft des **Parc Natural del Cap de Creus → S. 36**. Dessen rauen Charme entdecken Sie am besten bei einem zweistündigen Spaziergang. **Fahren Sie dazu zum Leuchtturm am Cap de Creus, gehen vom Parkplatz ein paar hundert Meter zurück und biegen in den Pfad Richtung Cala Culip. Hinter dem verlassenen Fischerhäuschen an der Bucht beginnt ein asphaltierter Weg,** der Sie zu einer der wichtigsten Inspirationsquellen des Surrealisten führt: Im Landschaftspark **5 Paraje Tudela Culip** haben Wasser, Wind und Zeit das Gestein zu bizarren Gebilden geformt – viele finden sich in Dalís Gemälden wieder. **Nach ein paar hundert Metern kreuzt der Weg die Straße, die linkerhand zurück zum Leuchtturm führt.** Da zur Hochsaison reger Verkehr herrscht, empfiehlt sich der Rückweg durch den Park. Nach einem Drink in der **6 Bar Cap de Creus → S. 34** mit großartigem Blick geht es zum Abendessen zurück nach **Cadaqués → S. 32**, ins Restaurant **7 Compartir → S. 34**. An den exzellenten Tapas hätte auch Salvador Dalí seine Freude gehabt.

**TAG 2**

3 km

**4 Port Lligat**

11 km

**5 Paraje Tudela Culip**

3 km

**6 Bar Cap de Creus**

8 km

**7 Compartir**

# SPORT & WELLNESS

**Wassersportfans finden an der Costa Brava perfekte Bedingungen vor. Die vielen geschützten Buchten und Häfen mit kompletter Infrastruktur sind ideale Stützpunkte für Segler, Windsurfer und Taucher.**

Naturschutzgebiete wie die Illes Medes sind wegen der intakten Flora und Fauna ein besonders erlebnisreiches Ziel für Taucher. Aber auch Golfern, Wanderern und Wellness-Fans bietet die Costa Brava sehr gute Möglichkeiten.

## BEACHVOLLEYBALL

An der gesamten Costa Brava wird im Sommer der Ball über das Netz geschlagen. Meist tun sich einige Strandbesucher spontan zusammen, dann kann's losgehen. Oft sind die Netze den ganzen Sommer über installiert. Die Teilnahme ist natürlich kostenlos.

## FLÜGE & BALLONFAHRTEN

Das Baix Empordà ist Ausgangspunkt für Luftabenteuer. An der Mündung des Ter bieten *Aeroclub Estartit (Camí Puig de les Llagaste | Tel. 972752058 | www.ultraligeros.net)* und *Aeroclub Empordà (Ctra. de Pals a Torroella de Montgrí km 4 | Tel. 619709026 | www.flycostabrava.com)* Rundflüge im Leichtflugzeug. Eine 15-minütige Lufttaufe kostet 55–60 Euro, ein einstündiger Rundflug 130–175 Euro. Ballonfahrten *(ca. 90 Min.)* von La Bisbal aus können Sie ab 145 Euro pro Person bei *Globus Empordà (C/ Joan*

 Bild: Windsurfer bei El Port de la Selva

## Abschlag, Aufschlag, Wellenrauschen: Golf- und Tennisplätze sowie gute Segel- und Tauchreviere bringen Sie in Schwung

*Pla Capell 4 | Tel. 620846742 | www.globusemporda.com)* buchen.

### GOLF

Das sanft hügelige Hinterland der Costa Brava ist perfekt zum Golfspielen geeignet: So erfreuen sieben 18-Loch- und ein 36-Loch-Platz mit zehn Courses das Golferherz. Der Verband *Golf in Costa Brava (www.golfincostabrava.org)* stellt Sammelpässe *(gültig für 2 Wochen | ab 210 Euro)* aus.

### KAJAK

Vor allem Meereskajak wird angeboten. Die schönsten Buchten befinden sich in der Gegend um L'Escala, L'Estartit und rings ums Cap de Creus. *SK-Kayak Llança (Passeig Marítim 4 | Tel. 972121112 | www.kayakcostabrava.com)* und *Kayaking Costa Brava (C/ d'Enric Serra 42 | Tel. 972773806 | www.kayakingcostabrava.com)* bieten an mehreren Stützpunkten entlang der Küste Kurse und Exkursionen an. Ein vierstündiger Einsteigerkurs kostet ca. 60 Euro, die Tagesmiete fürs Kajak 15 Euro.

## RADFAHREN & MOUNTAINBIKING

Das Gavarres-Massiv östlich von Girona und die Pyrenäenausläufer bei Llançà begeistern Mountainbiker. Die lokalen Mountainbike-Center BTT Centre gewähren nicht nur Reparaturhilfe und verleihen Räder, sondern entwickeln auch Routen unterschiedlicher Schwierigkeitsgrade, das *Centre BTT von Baix Empordà (Av. del Carrilet 72 | Castell d'Aro | Tel. 972825151)* bietet 19 Routen mit 326 km Länge. Wer es bequemer mag, radelt rings um Girona auf drei zu Radwegen umgebauten Bahntrassen der *Vias Verdes (www.viesverdes.cat)*.

## SEGELN

Nahezu jeder Küstenort hat eine Marina und einen Segelclub. Einheimische Segler sind in den *Clubs Nàutics* organisiert, die – meist zusammen mit Restaurants – direkt am Hafen liegen und auch Gäste aufnehmen. Vor Ort erfährt man alles über Leihboote, Veranstalter sowie Wetter- und Seebedingungen. Der *Club Nàutic L'Escala (L'Escala | Tel. 972770016 | www.nauticescala.com)* bietet zum Beispiel einen zwölfstündigen Grundkurs im Jollenkreuzer ab 175 Euro an.

## TAUCHEN

Die felsige Küste mit vielen nur vom Meer her zugänglichen Buchten ist ein beliebtes Tauchrevier. Das Wasser ist relativ klar und besonders im Sommer ruhig. Achtung: Die meisten Tauchbasen schließen im Winter.

Die ca. 1 km vor L'Estartit liegenden und unter Naturschutz stehenden Illes Medes und die Bucht von Roses gelten Tauchern und Schnorchlern mit Zackenbarschen und Edelkorallen als Juwel. Im Küstengebiet des Parc Natural del Cap de Creus ist das Tauchen mit Flasche nur in bestimmten Abschnitten erlaubt. Infos geben das Büro für das Insel-Naturschutzgebiet *Reserva Marina* und die Touristenbüros.

Allgemeine Informationen zum Thema Tauchen gibt die *Associació de Centres Turístics Subaquàtics Costa Brava Sub (Tel. 972600017 | www.subcostabrava.com)*. Dieser Vereinigung sind 33 Tauchzentren angeschlossen. Tauchen mit Naturschutz verbindet die *Kenna Eco Diving-Schule (Passatge Clavell 9 | L'Escala | Tel. 972772746 | www.seahorseproject.org)*. Ein viertägiger Tauchkurs inkl. Ausrüstungsmiete kostet ca. 400 Euro, eine Seetaufe (dreistündiger Tauchgang inkl. Theorie und Material) 70 Euro.

## TENNIS

Alle großen und besseren Hotels haben in der Regel einen hauseigenen Tennisplatz. Wer dort als Gast den Schläger schwingt, muss für den Spaß nicht extra in die Tasche greifen. Einen Tennisclub mit 14 Plätzen, Pool und Restaurant gibt es in Platja d'Aro: *Club de Tenis d'Aro (tgl. 9–22 Uhr | Paratge La Gramoia | Tel. 972817400)*.

## THALASSO & WELLNESS

In Caldes de Malavella sprudelt 60 Grad heißes Wasser aus der Erde, in Santa Coloma de Farners hat es eine Temperatur von 45 Grad *(www.termesorion.cat)*. Die natrium- und kohlensäurehaltigen Wasser im Hinterland der Provinz Girona und La Selva werden für eine Vielzahl von Therapien verwendet. Gut hundert Hotels an der Costa Brava haben einen Spa-Bereich und bieten dort Schönheits- und

Wohlfühlbehandlungen an – auch mit ungewöhnlichen Ingredenzien wie Schokolade, Cava und Wein. Einige Häuser in Roses *(www.hotelrosas.com)* und Calella de Palafrugell *(www.hotelsantjordi.com)* offerieren auch Thalassotherapien.

## WANDERN

Die Costa Brava, ihr Hinterland und der südöstliche Pyrenäenabschnitt bieten Wandermöglichkeiten jeden Schwierigkeitsgrads: von der einfachen Küstenwanderung bis zur mehrtägigen Bergtour. Zwei internationale Wanderwege durchkreuzen das Land: Der INSIDER TIPP GR 11 beginnt im Naturpark Cap de Creus und endet auf der anderen Seite der Halbinsel am Atlantik. Der GR 92 führt die Küste in Nord-Süd-Richtung entlang. Dazu kommen die Küstenwanderwege *Camins de Ronda*. Allgemeine Infos und Tipps erhalten Sie im *Centre Excursionista de Catalunya (C/ Paradis 10 | Barcelona | Tel. 933152311)*. INSIDER TIPP Hervorragendes Kartenmaterial zu den Wanderwegen am Cap de Creus bekommen Sie in der Zentrale des Naturparkzentrale des *Parc Natural del Cap de Creus (Monestir de Sant Pere de Rodes | Tel. 972193191 | parcsnaturals.gencat.cat)*.

So macht Wandern Spaß: mit tollen Blicken auf die Küste bei Calella de Palafrugell

## WINDSURFEN

Bei den einheimischen Windsurfern ist besonders die Bucht von El Port de la Selva beliebt. Sant Pere de Pescador, in der Bucht von Roses, hat einen so guten Ruf in der Szene, dass dort die Windsurf-Weltmeisterschaft PWA ausgetragen wird. Wer noch etwas Übung braucht: Die Windsurfschule *Windiscovery (zentrales Büro: Av. Mestral 34 | Llançà | Tel. 972381388 | www.windiscovery.com)* bietet in sechs Orten (Llançà, Roses, El Port de la Selva, Sant Pere de Pescador und Portbou) Kurse im Windsurfen, Kitesurfen und Stand-Up-Paddling an.

# MIT KINDERN UNTERWEGS

**Katalanen sind allgemein kinderfreundliche Menschen, an der Costa Brava sind die kleinen und jungen Gäste daher gern gesehen.**

In den Strandorten gibt es den ganzen Sommer über ein abwechslungsreiches und meist kostenloses Programm für Kinder, mit Konzerten, Zaubershows, Bastelaktionen. Die örtlichen Touristenbüros geben Programme und Zeitpläne darüber heraus, was wann und wo jeweils stattfindet.

## ALT EMPORDÀ

### AQUABRAVA-WASSERPARK

(125 D5) (*🕮 G5*)

Riesenrutschen, Wildwasserbahnen, ein Miniatur-Piratenboot und Europas größtes Wellenbad – Ihre Kinder werden vom Wasserpark in Roses begeistert sein. Achtung: Es ist verboten, eigene Verpflegung mitzubringen. *Juni–Mitte Sept. tgl. 10–19 Uhr | Eintritt 29 Euro, Kinder bis 1,20 m Größe 18 Euro, ab 15 Uhr 5 Euro Ermäßigung | Roses | Ctra. Cadaqués Les Garrigues | www.aquabrava.com*

### BUTTERFLY PARK EMPURIABRAVA

(125 C5) (*🕮 F5*)

Hier flattert und fliegt es in allen Farben: In Pavillons mit tropischen Temperaturen haben viele bunte und seltsame Schmetterlinge sowie Vögel ihre Heimat gefunden. *Ende März–Okt. tgl. 10 Uhr bis eine Stunde vor Sonnenuntergang | Eintritt 9,50 Euro, Kinder bis 11 J. 7,50 Euro | Castelló d'Empúries | butterflypark.es*

 Bild: Unterwassertunnel im Aquarium in Barcelona

## Coole Tipps (nicht nur) für Wasserratten: Parks mit Riesenrutschen begeistern alle, und auch sonst kommt keine Langeweile auf

### ROSES EXPRESS TRAIN

(125 D–E5) (*G5*)

Auch wenn kein Dampf aus dem Schornstein kommt, sehen die *carrilets* aus wie echte Züge. Der Touristenzug tuckert auf fünf Routen ein bis zwei Stunden gemächlich durch Roses und Umgebung, durch den Parc Natural del Cap de Creus, zu kleinen Buchten oder auf Berge, immer mit herrlichen Ausblicken. *Ticket ab 9 Euro, Kinder bis 11 J. ab 6 Euro, unter 2 J. kostenlos | Plaça de les Botxes | Roses | Tel. 972256625 | www.trenrosesexpres.com*

## BAIX EMPORDÀ

### AQUADIVER WATER WORLD

(129 E3) (*F11*)

Wasserfall-, Spiral-, Kamikaze- und Gummireifenrutschen garantieren Adrenalinschübe für Groß und Klein. Picknick in den dafür ausgewiesenen Zonen erlaubt. *Juni tgl. 10–18.30 Uhr, Juli/Aug. tgl. 10–19 Uhr, Sept. tgl. 10–18 Uhr | Eintritt 33 Euro, Kinder von 80 cm bis 1,20 m 19 Euro, Kleinere kostenlos | Ctra. de Circumvallació | Platja d'Aro | www.aquadiver.com*

**INSIDER TIPP** **CLUB INFANTIL**
(125 D5) *(∭ G5)*
Die Stadtverwaltung von Roses bietet im Sommer Kindern (3–10 J.) ein kostenloses Freizeitprogramm unter Leitung von Erziehern. *Platja Nova, gegenüber vom Touristenbüro | Roses*

**MUSEU D'HISTÒRIA DE LA JOGUINA**
(129 E3–4) *(∭ E–F11)*
Mehr als 1100 historische Spielsachen aus der Zeit von 1870 bis 1975, von altem Blechspielzeug über Holzspielzeug aus der Nachkriegszeit bis hin zur Märklin-Eisenbahn, sind in einem alten Stadtpalais – mit Karussell davor – ausgestellt. *15. Juni–12. Sept. tgl. 10–13 und 17–21 Uhr, 13. Sept.–14. Juni Di–Fr 10–13 und 16–19 Uhr, Sa 10–13 und 16–20, So 11–14 Uhr | Eintritt 5 Euro, Kinder unter 5 J. frei | Rambla Vidal 48–50 | Sant Feliu de Guíxols | Tel. 972822249 | www.museudelajoguina.cat*

**PARC AVENTURA COSTA BRAVA – BOSC DELS IMPOSSIBLES**
(127 E–F4) *(∭ G8)*
Seilrutschen, Hängebrücken, Kletterpfade: Im „Wald des Unmöglichen" bei Pals können Kleine (ab 3 Jahren) und Große auf sechs Routen in unterschiedlichen Schwierigkeitsgraden ihre Geschicklichkeit testen. *Juni Mo–Fr 10–14 und 16–20 Uhr, Sa/So 10–21 Uhr, Juli tgl. 10–21 Uhr, Aug. tgl. 10–23 Uhr, übrige Zeiten siehe Website | Eintritt und Ausrüstung Erw. 10 Euro, Kinder 8 Euro, plus Tourgebühr zwischen 6 und 9 Euro | Camí de Vernegar | Tel. 972113443 | www.costabravaparcaventura.com*

**PIRATENSEGLER** (127 F3) *(∭ G7)*
Piratengeschichten faszinieren Kinder, da ist eine Fahrt auf dem angeblich einem echten Piratenschiff nachgebauten *El Corsari Negre* ein wirkliches Abenteuer. Das Schiff sticht von L'Estartit zweimal täglich zu einer dreistündigen Tour in See. *Erw. 28 Euro, Kinder 16 Euro | Passeig Marítim 23 | L'Estartit | Tel. 972751489 | www.elcorsarinegre.com*

**TAUCHBOOTFAHRT** (127 F3) *(∭ G7)*
Im Tauchboot *Nautilus Illes Medes* sitzt man ein paar Meter unter Wasser und sieht bei der Fahrt zu den Medes-Inseln an den Panoramascheiben – mit etwas Glück – den ein oder anderen Fisch an sich vorbeiziehen. *Ganzjährig | Fahrt ab 20,50 Euro, Kinder bis 11 J. ab 13,50 Euro | Passeig Marítim 23 | L'Estartit | Tel. 972751489 | www.nautilus.es*

## GIRONA UND LA SELVA

**GNOMO PARK** (128 B5) *(∭ C12)*
Der Besuch auf der Zwergenranch macht vor allem kleineren Kindern Spaß. Sie amüsieren sich auf dem In- und Outdoor-Abenteuerspielplatz, beim Minigolf und in der Kinderdisko, die Eltern können in Ruhe im Restaurant essen. *Juni tgl. 11–21 Uhr, Juli/Aug. tgl. 11–22.30 Uhr, Sept.–Mai Sa/So 11–21 Uhr | Eintritt Kinder 10,80 Euro, Erw. frei | Ctra. de Lloret a Blanes/Kreisverkehr Santa Cristina | www.gnomo-park.com*

**INSIDER TIPP** **MINICLUB INFANTIL**
In Lloret de Mar (128 C5) *(∭ D12)* wird im Sommer am Stadtstrand ein Spielzentrum aufgebaut, mit Animationen, Mitmachaktionen und Lesestoff in mehreren Sprachen für die Eltern. In Blanes (128 B5–6) *(∭ C12–13)* werden am Hauptstrand Hüpfburgen aufgeblasen. *Juli/Aug. tgl. 11–14 und 16–18 Uhr | Eintritt frei*

**WATER WORLD** (128 C5) *(∭ D12)*
Nichts für Wasserscheue: Riesenwasserpark mit Wildwasserbahnen, Wellenbad,

Rutschbahnen und einem „Wasserberg", von dem es per Boot 250 m hinuntergeht. Achtung: Der Park in Lloret de Mar ist nur in der Hauptsaison von Mai bis September geöffnet! *Mai und Mitte–Ende Sept. tgl. 10–18 Uhr, Juni und Anfang–Mitte Sept. tgl. 10–18.30 Uhr, Juli/Aug. tgl. 10–19 Uhr | Eintritt 33 Euro, Kinder bis 0,80 m frei, bis 1,20 m 19 Euro | Ctra. Vidreres km 1,2 | Lloret de Mar | www.waterworld.es*

## BARCELONA

**AQUARIUM** ● (U E4) (*🕮 e4*)
Eines der interessantesten Aquarien Europas – mit den wichtigsten Seetieren und Pflanzen des Mittelmeers. Hauptattraktion ist der große Unterwassertunnel, der Haie oder Kraken von ganz nah zeigt. *Juli/Aug. tgl. 10–21.30 Uhr, Sept.–Juni tgl. 10–21 Uhr | Eintritt 20 Euro, Kinder (4–12 J.) 15 Euro | Moll d'Espanya del Port Vell | Maremagnum | www.aquariumbcn.com*

**COSMOCAIXA BARCELONA** (O) (*🕮 O*)
Im Wissenschaftsmuseum können (nicht nur) Kinder auf unterhaltsame Weise erfahren, wie Wellen entstehen, warum sich die Erde dreht und wie sich Strahlen durch optische Linsen brechen lassen. Das Museum lädt zum Anfassen ein: Alles darf und soll ausprobiert werden. Auch in einem Planetarium und einem Regenwald mit exotischen Tieren kann der Nachwuchs Entdeckungen machen. *Di–So 10–20 Uhr | Eintritt 4 Euro, Kinder unter 16 Jahren frei, Extragebühren für Workshops | C/ de Teodor Roviralta 47–51 | FGC Av. del Tibidabo | www.fundacio.lacaixa.es*

**PARC DIAGONAL MAR** (O) (*🕮 O*)
Am Forum, wo Hightech-Wolkenkratzer und Luxushotels in den Himmel ragen, haben findige Stadtplaner einen Park mit Riesenrutschen konzipiert. Ein großes Vergnügen – und das auch noch umsonst!

Sandburgen bauen am Meer: Die Strände an der Costa Brava sind ein großer Spielplatz

# EVENTS, FESTE & MEHR

Neben regelmäßig wiederkehrenden nationalen und religiösen Festen gibt es an der Costa Brava mehr als 120 Festivals im Jahr, darunter Dutzende mit den Schwerpunkten Musik, Theater und Kunst. Einen Überblick verschafft die Website *www.costabravagironafestivals.com*, genaue Termine erfahren Sie bei den Tourismusbüros.

## VERANSTALTUNGEN

### JANUAR

28. Jan. ***Festa Major*** in Tossa de Mar. Feuerwerk, *sardanas* und Kirmes

### FEBRUAR/MÄRZ

***Karneval*** in fast allen größeren Orten, besonders in Girona. Das närrische Treiben hat seinen Höhepunkt in Umzügen und Straßentänzen.

### MÄRZ/APRIL

Die ★ ***Semana Santa***, die Osterwoche, wird in fast allen Gemeinden mit Prozessionen begangen.

### APRIL

23. April INSIDER TIPP ***Sant Jordi***, der Tag des Schutzpatrons Kataloniens, ist mit dem Welttag des Buches fusioniert. In Barcelona verwandelt sich die gesamte Innenstadt in einen einzigen Büchertisch!

### MAI

Ab 3. Mai ***Festa de la Santa Creu***, das Fest des hl. Kreuzes: Feuerwerk, Umzug und *sardanas* in Figueres

Mitte Mai: ***Temps de Flors***, Blumenfest in Girona. Öffentliche Gebäude, Straßen und die Stufen der Kathedrale werden mit Blumen geschmückt.

### JUNI

22.–26. Juni ***Festa Major*** in Palamós. Der Patron der Stadt wird mit Feuerwerk, Tanz und *sardanas* geehrt.

24. Juni ***Sant Joan***, die Johannisnacht, wird in ganz Katalonien mit Tanz und prächtigem Feuerwerk lautstark begrüßt.

### JULI/AUGUST

16. Juli ***Festa del Carme***: Die Schutzheilige der Fischer wird in Cadaqués und anderen Häfen mit Bootsprozessionen, Tanz und Essen gefeiert.

23.–26. Juli ***Festa Major*** in Lloret de Mar und Blanes. *Sardanas*, Tanz und Kirmes

Ende Juli: Internationaler ***Feuerwerk-Wettbewerb*** in Blanes. Feuerwerker aus vielen Ländern zeigen eine Woche lang ihr Können.

**Auf den *Festas Majores* werden Dorfheilige mit Tanz, Umzügen und Kirmes geehrt. Sehr oft dabei: die traditionellen *sardanas***

Juli/Aug.: internationales ***Musikfestival*** in Torroella de Montgrí

**SEPTEMBER**

11. Sept. ***La Diada:*** Der katalanische Nationalfeiertag wird in vielen Orten mit *sardanas* gefeiert und war in den letzten Jahren immer wieder auch Anlass für Großdemomstrationen der Unabhängigkeitsbewegung.

21.–23. Sept. INSIDER TIPP ***Fira de Pirates i Corsaris a les Illes Medes*** Piratenfest mit Markt, Shows, Theater, Film und Umzügen am Hafen von L'Estartit

Dritter Sonntag ***Festa Major*** in Begur mit Umzug und Feuerwerk

**OKTOBER/NOVEMBER**

23. Okt.–1. Nov. ***Festas de Sant Narcís:*** *sardanas* und Tanz sowie kulturelles Beiprogramm wie Kunsthandwerksmesse

**DEZEMBER**

***Fira de Santa Llúcia,*** Weihnachtsmarkt vor der Kathedrale in Barcelona

## FEIERTAGE

| | |
|---|---|
| 1. Jan. | Neujahr |
| 6. Jan. | Hl. Drei Könige |
| März/April | Karfreitag, Ostermontag |
| 1. Mai | Tag der Arbeit |
| Mai/Juni | Pfingstmontag |
| 24. Juni | *Sant Joan* (Johannistag) |
| 15. Aug. | Mariä Himmelfahrt |
| 11. Sept. | *La Diada* (Katalanischer Nationalfeiertag) |
| 24. Sept. | *La Mercèr* (nur in Barcelona) |
| 12. Okt. | Tag der Entdeckung Amerikas |
| 1. Nov. | Allerheiligen |
| 6. Dez. | Tag der Verfassung |
| 8. Dez. | Mariä Empfängnis |
| 25./26. Dez. | *Navidad* (Weihnachten) |

# LINKS, BLOGS, APPS & CO.

LINKS & BLOGS

www.marcopolo.de/costabrava Alles auf einen Blick zu Ihrem Reiseziel: interaktive Karten inklusive Planungsfunktion, Impressionen aus der Community, aktuelle News und Angebote ...

short.travel/cbr1 Kunstfreunde finden hier allerlei Wissenswertes über Salvador Dalí, außerdem eine Übersicht der Orte – vor allem an der Costa Brava –, an denen seine surrealistischen Werke bestaunt werden können

short.travel/cbr14 Überblick des Fremdenverkehrsamts über alle Strände der Costa Brava, auch mit Hinweisen zu ihrer Ausstattung und Details wie Sandqualität

abenteuer-spanien.com Bloggerin Nima erkundet Spanien mit dem Oldtimerbus, ist Outdoor-Fan und schreibt über Wildcampen, Leben im Wohnmobil und persönliche Begegnungen, auch an der Costa Brava

short.travel/cbr13 Link der katalanischen Tourismusbehörde über barrierefreie Sehenswürdigkeiten und Aktivitäten, die Behinderte besuchen bzw. an denen sie ohne Probleme teilnehmen können

www.rutadelmodernisme.com Ein Spaziergang für Barcelonareisende zu den hervorragendsten Bauten des katalanischen Jugendstils, des *modernisme*, auch auf Englisch

www.cataloniatoday.cat Informatives und Unterhaltsames aus Politik, Gesellschaft, Kultur und Reise – kompetent auf Englisch zusammengestellt von der katalanischen Tageszeitung „El Punt Avui"

foodieinbarcelona.com Ob schicke Tapasbars, alteingesessene Traditionslokale oder brandneue Restaurants: Bloggerin Suzy durchforstet Barcelonas Gastro-Szene und schreibt ihre Erkenntnisse in regelmäßigen Abstän-

**Egal, ob für Ihre Reisevorbereitung oder vor Ort: Diese Adressen bereichern Ihren Urlaub. Da manche sehr lang sind, führt Sie der short.travel-Code direkt auf die beschriebenen Websites. Falls bei der Eingabe der Codes eine Fehlermeldung erscheint, könnte das an Ihren Einstellungen zum anonymen Surfen liegen**

den auf, übersichtlich gegliedert nach Vierteln

bigtimebcn.300000kms.net Interaktive Karte zu 2000 Jahren barcelonesischer Geschichte

es.wikiloc.com/geotourism/costa-brava Von Usern getestete Wander-, Radwander- und Mountainbiketouren, mit genauer Weg- und Schwierigkeitsbeschreibung sowie Fotos, auch zum Download

www.travelontoast.de/2016/10/girona-spanien Weltenbummlerin Anja schreibt in Ihrem Blog über einen Städtetrip ins „zauberhafte" Girona, wo ihr insbesondere die bunten Häuser, die Altstadt und das gute Essen zusagen. Auf Deutsch, mit ansprechenden Fotos

**VIDEOS**

short.travel/cbr15 Dalí von seiner verrücktesten Seite: Interviews zu Paranoia, Homestorys zum Liebesnest in Port Lligat und anderes Schräges aus dem Filmarchiv der Dalí-Stiftung

short.travel/cbr8 Ein Film über die Entstehung der Sagrada Família. Er gibt Hintergrundinfos zu ihrem Architekten Antoni Gaudí und den technischen Problemen beim Bau der immer noch unvollendeten Kirche

short.travel/cbr16 Menschenburgen bauen: eine urkatalanische Tradition, die inzwischen zum Weltkulturerbe gehört. Hier sehen Sie, wie die *castellers* sich zu schwindelerregenden Pyramiden formieren

**APPS**

iSpain Kostenlos kann man sich Infos zu Veranstaltungen, Restaurants und Sehenswürdigkeiten für Spanien herunterladen. Zusätzliche Tools, wie Wettervorhersage und Sprachübersetzer, alles fürs I-Phone

Costa Brava No. 1 Offline Map Karten für die Costa Brava mit Plänen der größeren Orte und Strände, fürs I-Phone *www.androitpit.de*

Costa Brava Beaches Die App fürs I-Phone führt zu mehr als 70 Stränden – berühmte sind ebenso dabei wie kleine unbekannte

# PRAKTISCHE HINWEISE

## ANREISE

Mit dem Auto erreicht man die Costa Brava über die spanische A7. Die Autobahngebühren in Frankreich und Spanien sind hoch; wer Zeit hat, sollte in Frankreich die gebührenfreien Nationalstraßen bzw. in Spanien die Autovías nutzen. Es gibt Autozüge von deutschen Bahnhöfen nach Narbonne. Auskunft: *DB Autozug (Tel. 01805 241224 (*) | www.dbautozug.de)*.

Nach Barcelona und an die Costa Brava geht es per Bahn z. B. von Wien, Zürich und Paris. Eine Übersicht über Zeiten und Preise sowie eine Karte des europäischen Bahnnetzes finden Sie unter *www.raildude.com*

## GRÜN & FAIR REISEN

Auf Reisen können auch Sie viel bewirken. Behalten Sie nicht nur die $CO_2$-Bilanz für Hin- und Rückreise im Hinterkopf *(www.atmosfair.de; de.myclimate.org)* – etwa indem Sie Ihre Route umweltgerecht planen *(www.routerank.com)* – , sondern achten Sie auch Natur und Kultur im Reiseland *(www.gate-tourismus.de; www.ecotrans.de)*. Gerade als Tourist ist es wichtig, auf Aspekte wie Naturschutz *(www.nabu.de; www.wwf.de)*, regionale Produkte, wenig Autofahren, Wassersparen und vieles mehr zu achten. Wenn Sie mehr über ökologischen Tourismus erfahren wollen: europaweit *www.oete.de*; weltweit *www.germanwatch.org*

Die billigste Anreise bieten Linienbusse der Eurolines aus vielen europäischen Städten. Von Frankfurt dauert die Fahrt nach Barcelona 23 Stunden, von Berlin 33 Stunden. Die Kosten für Hin- und Rückfahrt belaufen sich auf 180–200 Euro. Von beiden Städten wird auch Girona angefahren (20 Stunden von Frankfurt, 30 Stunden Fahrzeit von Berlin). Auf *www.busliniensuche.de* lassen sich verschiedene Anbieter vergleichen. In Barcelona und Girona befinden sich die Zentralen Busbahnhöfe für Fernbusse jeweils neben den Bahnhöfen mit Metro- bzw. Busanbindung in die Innenstadt. Wer in Barcelona Zwischenstation macht und von dort aus weiter an die Costa Brava will, fährt mit den Linienbussen ab *Estació del Norte (Metro L1 Arc de Triomf)*.

Girona kann man direkt von Deutschland aus nur noch mit Ryan Air von Karlsruhe bzw. Düsseldorf erreichen. Einen Flug mit Rückflug gibt es bei dieser Airline schon um 100 Euro *(www.ryanair.com)*. Barcelona wird von allen großen Airlines angeflogen *(www.airberlin.com, www.vueling.com, www.easyjet.com)*, u. a. von den Flughäfen Berlin, Bremen, Dortmund, Dresden, Hamburg und Köln. Bei Billiglinien gibt es den Flug bei frühzeitiger Vorbuchung mitunter schon ab 40 Euro (one way). Die Normalpreise bewegen sich um die 200 Euro für den Hin- und Rückflug.

## AUSKUNFT

**SPANISCHES FREMDENVERKEHRSAMT**

*– Berlin (Lietzenburger Str. 99/6. OG | 10707 Berlin | Tel. 030 8826543)*

# Von Anreise bis Zoll

**Urlaub von Anfang bis Ende: die wichtigsten Adressen und Informationen für Ihre Reise an die Costa Brava**

– *Wien (Walfischgasse 8 | 1010 Wien | Tel. 01 5 12 95 80-11)*
– *Zürich (Seefeldstr. 19 | 8008 Zürich | Tel. 04 42 53 60 50)*
– *Internet: www.spain.info*

Scheckkarten kann man aus den Bankautomaten Bargeld ziehen (ca. 5 Euro Gebühr). Hotels, die meisten Restaurants und fast alle Geschäfte akzeptieren die gängigen Kredit- und EC-Karten.

## AUTO

Die Höchstgeschwindigkeit beträgt in geschlossenen Ortschaften 50, auf Landstraßen 90 und auf Autobahnen 120 km/h. Bei Alkohol gilt die 0,5-Promille-Grenze. In Barcelona, Girona und Figueres empfehlen sich Parkhäuser. Wer es trotzdem auf Straßenparkplätzen versuchen will: Die grün markierten Parkplätze *(zona verde)* sind Anwohnerparkplätze, Nichtanwohner können darin kostenpflichtig max. 2 Std. parken. Außerhalb der Bewirtschaftungszeiten (in der Regel am Wochenende und ab 20 Uhr) ist Parken dort kostenlos. In Barcelona gibt es am Hauptbahnhof ein Parkhaus für Langzeitparker *(ab 7 Euro pro Tag | www.parkingviajeros.com)*. Empfehlenswert sind die grüne Versicherungskarte, ein Auslandsschutzbrief und eine Vollkaskoversicherung.
Bei einem Verkehrsunfall sollten Sie sich möglichst zwei (am besten spanische) Zeugen sichern und die eigene Haftpflichtversicherung sowie eventuell das spanische Partnerunternehmen verständigen. Bei Pannen ist außerhalb des Fahrzeugs eine Warnweste zu tragen. Mehr zur spanischen Straßenverkehrsordnung unter *www.adac.de*.

## BANKEN & KREDITKARTEN

Banken haben in der Regel Mo–Fr 9–13.30 Uhr geöffnet. Mit den üblichen

## CAMPING

Über 100 Campingplätze gibt es entlang der Costa Brava, die meisten davon mit guter bis sehr guter Ausstattung. Da die Region zu den Lieblingen der internationalen Camper-Gemeinde gehört, sind die Plätze rasch ausgebucht. Einen Überblick gibt es auf *www.campingsingirona.com*.

## DIPLOMATISCHE VERTRETUNGEN

**DEUTSCHES GENERALKONSULAT**
*Mo–Fr 8.30–12 Uhr | C/ Marina 16–18/ Torre Mapfre | 08008 Barcelona | Tel. 9 32 92 10 00*

**ÖSTERREICHISCHES HONORARGENERALKONSULAT**
*Mo–Fr 10–12 Uhr | Maria Cubí 7 | 08008 Barcelona | Tel. 9 33 68 60 03*

**SCHWEIZERISCHES KONSULAT**
*Mo–Fr 9–12.30 Uhr | Gran Via Carlos III 94 | 08028 Barcelona | Tel. 9 34 09 06 50*

## GESUNDHEIT

In Spanien gilt die Europäische Versicherungskarte, die in den meisten EU-Ländern anerkannt ist und mit der man Sachleistungen erhält. Auskunft erteilt Ihre Krankenkasse oder *www.reiseversicherung.de*.

In allen größeren Orten an der Costa Brava gibt es ein *hospital* (Krankenhaus), in den Dörfern die *Dispensari Medic* (Erste-Hilfe-Stellen). Dort tut ein Arzt, zumindest aber eine ausgebildete Krankenschwester Dienst. In den Touristikzentren findet man mittlerweile auch deutschsprachige Praxen. Informationen über die nächstgelegene Praxis gibt Ihnen jedes Hotel.

## INTERNET & WLAN

Die Mehrheit der Hotels, Pensionen und Restaurants bieten mit WiFi (so heißt WLAN in Spanien) kostenlosen Zugang ins Internet. In öffentlichen Bibliotheken bekommen Sie umsonst Internetzugang.

## JUGENDHERBERGEN

Im Reisegebiet Costa Brava gibt es drei von der Regionalregierung verwaltete Jugendherbergen, in Barcelona, Girona und L'Escala. Dazu kommt ein Dutzend privat betriebener Herbergen, die sich vor allem im Großraum Barcelona konzentrieren. Ein Verzeichnis mit den Tarifen bekommen Sie bei *Xarxa d'Albergs de Catalunya (C/ Calàbria 147 | 08015 Barcelona | www.xanascat.cat)*. Reservierungen werden unter der folgenden Nummer entgegengenommen: *Tel. 934838363*.

## KLIMA & REISEZEIT

An der Costa Brava herrscht grundsätzlich ein mildes Klima. In den Sommermonaten sind die Temperaturen oft sehr hoch. Kühlt der Seewind am Tag, so kann es nachts am Meer empfindlich frisch werden. Im Oktober/November und im April regnet es häufig.
Beste Reisezeit ist zwischen Ostern und Anfang Oktober. Im Sommer sollten Sie Ihre Reise, wenn möglich, nicht für den August planen. Denn dann sind in Spanien Ferien – mit dem entsprechenden Massenandrang.

# KATALANISCH

Die Speisekarte im Restaurant, der Aushang am Kulturzentrum oder der Straßenname auf dem Schild: Das alles ist zumeist (auch) auf Katalanisch verfasst. Die mit dem Französischen, Spanischen und Italienischen eng verwandte romanische Sprache ist (neben Spanisch) seit 1977 offizielle Amtssprache in der autonomen Region. Unter dem Diktator Franco war *català* aus dem öffentlichen Raum verbannt, mit der Demokratisierung wurde das Katalanische gezielt gefördert. An öffentlichen Schulen und Universitäten ist Katalanisch Unterrichtssprache, der öffentlich-rechtliche Rundfunk sendet auf Katalanisch, auch für die meisten Jobs müssen Katalanisch-Kenntnisse nachgewiesen werden. Im Rest-Spanien wurde diese Politik misstrauisch beäugt, das Wort vom Sprachenkrieg machte die Runde. Im Alltag existieren Spanisch und Katalanisch friedlich nebeneinander. Als Reisender kommen Sie zwar problemlos mit Spanisch durch, ein paar Worte auf *català* öffnen Ihnen aber Türen und Herzen. Englisch wird vor allem von jüngeren Einheimischen unter 40 gesprochen. In Touristenzentren wie Lloret de Mar spricht man häufig auch Deutsch.

## MIETWAGEN

Wer an der Costa Brava flexibel herumfahren möchte, kommt um einen Mietwagen nicht herum. Am günstigsten bucht man ihn schon von zu Hause aus. Bei den meisten Reiseveranstaltern kann man einen Mietwagen auch gleich mitbuchen. Mietpreise unter 20 Euro pro Tag für einen Kleinwagen sind günstig. Es wird eine Kaution von bis zu 400 Euro sowie Kreditkarte und natürlich der Führerschein verlangt. Achtung, Jungfahrer: Die meisten Verleihe akzeptieren nur Fahrer mit zwei bis drei Jahren Fahrpraxis. Es empfiehlt sich, genau die Mietbedingungen zu studieren, insbesondere, ob im Vertrag Vollkaskoversicherung bzw. Selbstbeteiligung im Falle eines Schadens verzeichnet sind.

## NOTRUF

Allgemeiner Notruf: *Tel. 112*

## ÖFFENTLICHE VERKEHRSMITTEL

Wer die Costa Brava mit dem Bus bereisen möchte, hat die Auswahl zwischen verschiedenen Busunternehmen, wie z. B. Sarfa *(www.sarfa.com)* oder Autocares Pujol *(www.autocarespujol.com)*, die die Hauptorte an der Küste in hoher Frequenz anfahren. Diese Unternehmen fahren auch direkt zum und vom Flughafen Barcelona an die Costa Brava. Zwischen Barcelona und der französischen Grenze verkehren fast stündlich die Regional- und Mittelstreckenzüge (AVANT) der spanischen Staatsbahn Renfe *(www.renfe.es)*, mit Stationen in Girona *(ca. 75 Min. Fahrdauer | ab 11 Euro)*, Figueres *(ca. 100 Min. | 16 Euro)* und Portbou *(ca. 2,5 Std. | 13,50 Euro )*. Auch der Hochgeschwindigkeitszug AVE fährt von Barcelona aus Richtung Frankreich über Girona *(40 Min.)* und Figueres-Vilafant *(55 Min.)*, die Fahrt kostet zwischen 30 und 40 Euro. Wer früh bucht, kann Schnäppchen machen.

## WAS KOSTET WIE VIEL?

| | |
|---|---|
| Kaffee | 1,30 Euro<br>*für eine Tasse im Café* |
| Tapas | 4–7 Euro<br>*für eine Portion* |
| Wein | 3–6 Euro<br>*für ein Glas* |
| Liegestuhl | ab 4 Euro<br>*für 1 Tag* |
| Benzin | 1,30 Euro<br>*für 1 l Super* |
| Taxi | 1–1,15 Euro<br>*pro gefahrenem Kilometer* |

## ÖFFNUNGSZEITEN

In den Touristenorten sind die Geschäfte in der Regel länger geöffnet als in den Orten des Hinterlandes. An den Küstenorten wird zudem nach Winter- und Sommersaison (zwischen April und September) unterschieden. Selbst staatliche Geschäfte, wie z. B. die Post, sind in den einzelnen Orten zu unterschiedlichen Zeiten geöffnet.
Wenig falsch machen Sie, wenn Sie sich an folgende Kernzeiten halten: Geschäfte haben in der Regel von 9 bis 13.30 Uhr geöffnet und dann wieder von 17 bis 20 Uhr. Touristenbüros sind ab ca. 10 Uhr bis mindestens 13 Uhr besetzt, dann noch einmal von 17 bis 20 Uhr.

## POST

Öffnungszeiten in der Regel: Mo–Fr 9–13 und 16–18, Sa 9–13 Uhr. Die Postämter

*(Correos y Telégrafos)* beschränken sich auf den rein postalischen Dienst.

Innerhalb Europas kosten Standardbriefe bis 20 g sowie Postkarten 1,15 Euro, nach Übersee 1,30 Euro. Briefmarken können Sie auch in Tabakläden kaufen.

## PREISE

Preiswerter als im Heimatland sind alkoholische spanische Erzeugnisse wie Wein und Brandy. Auch viele gängige rezeptfreie Medikamente wie Aspirin kosten weniger als zu Hause.

## SICHERHEIT

Grundsätzlich ist die Costa Brava ein sicheres Reisegebiet. Allerdings gilt auch hier: Gelegenheit macht Diebe. Niemals sollte man seine Sachen unbeaufsichtigt im Restaurant oder auf Busbahnhöfen lassen. Vor allem in Barcelona kommt es sehr häufig zu Taschendiebstählen: Auf den Rambles, im Gotischen Viertel und in der Metro besonders aufpassen und Taschen vorne tragen. Die Diebe sind sehr geschickt! Auf dem Terrassentisch eines Restaurants oder Cafés auf den Rambles sollte man auf gar keinen Fall Wertsachen wie Kameras oder Mobiltelefone ablegen.

## STRÄNDE

Die Qualität der Strände an der Costa Brava ist exzellent. Insgesamt 30 sind mit der *bandera azul*, der blauen Fahne für Qualität, ausgezeichnet. An diesen Stränden werden Wasser und Sand regelmäßig auf Schadstoffe überprüft, Haustiere sind dort verboten. „Oben ohne" ist

## WETTER IN BARCELONA

| | Jan. | Feb. | März | April | Mai | Juni | Juli | Aug. | Sept. | Okt. | Nov. | Dez. |
|---|---|---|---|---|---|---|---|---|---|---|---|---|
| Tagestemperaturen in °C | 13 | 14 | 16 | 18 | 22 | 25 | 27 | 28 | 26 | 22 | 17 | 14 |
| Nachttemperaturen in °C | 6 | 7 | 8 | 11 | 14 | 17 | 21 | 21 | 18 | 14 | 10 | 7 |
| Sonnenschein Stunden/Tag | 5 | 6 | 6 | 8 | 8 | 9 | 10 | 9 | 7 | 5 | 5 | 4 |
| Niederschlag Tage/Monat | 4 | 5 | 5 | 6 | 6 | 4 | 3 | 4 | 6 | 7 | 6 | 5 |
| Wassertemperaturen in °C | 13 | 12 | 13 | 14 | 16 | 19 | 22 | 24 | 22 | 20 | 16 | 14 |

 Sonnenschein Stunden/Tag · Niederschlag Tage/Monat · Wassertemperaturen in °C

in Spanien weit verbreitet und toleriert. Nackt baden ist zwar nirgends verboten, stört aber vielleicht andere Strandbesucher. Wer also ganz die Hüllen fallen will, besucht daher am besten einen der FKK-Strände wie *Cala Sa Boadella* in Lloret de Mar oder *Cala Estreta* bei Palamós. Bei Letzterem gibt es auch einen FKK-Campingplatz. An größeren, stadtnahen Stränden werden Sonnenliegen und -schirme vermietet.

## STROM

Spanien hat ein Wechselstromnetz mit 220 Volt. In manchen einfachen Unterkünften sind keine Schuko-Steckdosen installiert, deshalb sollten Sie Zwischenstecker mitnehmen!

## TAXI

In jedem größeren Ort gibt es Taxistände an Markthallen, Busbahnhöfen oder in der Nähe der Einkaufsstraßen. In Spanien sitzt man als Taxigast hinten. Achten Sie darauf, dass der Fahrer den Taxameter einschaltet. Wenn nicht, sollte man unbedingt vor der Fahrt den Preis aushandeln.

## TELEFON & HANDY

Vorwahl für Deutschland 0049, für die Schweiz 0041, für Österreich 0043, für Spanien 0034. Innerhalb Spaniens gibt es keine Vorwahlen.

Innerhalb Spaniens wird immer die komplette Telefonnummer, auch innerorts, mitgewählt. Zu einem spanischen Handy wird innerhalb und von außerhalb des Landes die ganze Nummer gewählt, die bei spanischen Mobilrufnummern mit einer „6" beginnt. Das Handy wird in Spanien *móvil* genannt. In Spanien telefoniert man günstig mit einer Prepaid-Karte. Preiswerte Prepaid-Anbieter sind Masmovil, Lebara, Simyo und Yoigo, Angebote finden Sie unter *www.prepaid.es*.

## TRINKGELD

Bei gutem Service sind, je nach Summe, 5 bis 10 Prozent üblich, auch Reiseführer erwarten ein Trinkgeld. In Restaurants und Bars wird das Trinkgeld auf dem Teller mit dem Wechselgeld liegen gelassen.

## URLAUB AUF DEM LAND

Informationen über Ferien auf dem Bauernhof bekommen Sie beim *Dachverband Agroturismo (www.agroturisme.org)*. Es gibt diverse Anbieter für Ferienhäuser, Ferienwohnungen und Wohnen auf Bauernhöfen, etwa über *www.toprural.de* für ländliche Unterkünfte an der Costa Brava.

## ZEITUNGEN

In allen größeren Orte erhalten Sie schon am Erscheinungstag Zeitungen und Zeitschriften aus EU-Ländern. Regionale Blätter berichten auf Spanisch und *català*.

## ZOLL

Reisende aus Deutschland dürfen Waren abgabenfrei mit nach Hause nehmen, so lange diese für den privaten Gebrauch bestimmt sind und bestimmte Richtmengen nicht überschreiten (z. B. 800 Zigaretten, 60 l Schaumwein, 10 kg Kaffee). Die aktuellen Bestimmungen finden Sie unter *www.zoll.de*. Freimengen in die Schweiz: 200 Zigaretten oder 50 Zigarren oder 250 g Tabak, 1 l Alkohol über und 2 l Alkohol unter 15 Prozent, andere Waren zu Geschenkzwecken bis zu einem Gesamtwert von 100 Franken.

# SPRACHFÜHRER KATALANISCH

## AUSSPRACHE

| | |
|---|---|
| c | wie „s“ vor „e“, „i“ (z.B. Barcelona); wie „k“ vor „a“, „o“ und „u“ (z.B. Casa) |
| ç | wird als „s“ gesprochen (z.B. França) |
| g | wie in „Genie“ vor „e“, „i“; wie „g“ vor „a“, „o“ und „u“ |
| l·l | wird als „l“ gesprochen |
| ny | wie das „gn“ in „Champagner“ (z.B. Catalunya) |
| que/qui | das „u“ ist immer stumm, wie deutsches „k“ (z.B. perquè) |
| v | am Wortanfang und nach Konsonant wie „b“ (z.B. València) |
| x | wird gesprochen wie das deutsche „sch“ (z.B. Xina) |

### AUF EINEN BLICK

| | |
|---|---|
| ja/nein/vielleicht | sí/no/potser |
| Bitte./Danke. | Sisplau./Gràcies. |
| Entschuldige!/Entschuldigen Sie! | Perdona!/Perdoni! |
| Darf ich ...? | Puc ...? |
| Wie bitte? | Com diu *(Sie)*? Com dius *(Du)*? |
| Ich möchte .../Haben Sie ...? | Voldria .../Té ...? |
| Wie viel kostet ...? | Quant val ...? |
| Das gefällt mir (nicht) gut. | (No) m’agrada. |
| kaputt/funktioniert nicht | trencat/no funciona |
| Hilfe!/Achtung!/Vorsicht! | Ajuda!/Compte!/Cura! |
| Polizei/Feuerwehr | policia/bombers |
| Krankenwagen | ambulància |
| Verbot/verboten | prohibició/prohibit |
| Gefahr/gefährlich | perill/perillós |
| Darf ich Sie/hier fotografieren? | Puc fer-li una foto aquí? |

### BEGRÜSSUNG & ABSCHIED

| | |
|---|---|
| Guten Morgen/Tag! | Bon dia! |
| Gute(n) Abend!/Nacht! | Bona tarda!/Bona nit! |
| Hallo!/Auf Wiedersehen! | Hola!/Adéu! Passi-ho bé! |
| Tschüss! | Adéu! |
| Ich heiße .../Wie heißen Sie? | Em dic .../Com es diu? |
| Wie heißt Du? | Com et dius? |
| Ich komme aus ... | Sóc de ... |

# Parles Català?

**„Sprichst du Katalanisch?" Dieser Sprachführer hilft Ihnen, die wichtigsten Wörter und Sätze auf Katalanisch zu sagen**

## DATUMS- & ZEITANGABEN

| | |
|---|---|
| Montag/Dienstag/Mittwoch | dilluns/dimarts/dimecres |
| Donnerstag/Freitag/Samstag | dijous/divendres/dissabte |
| Sonntag/Werktag/Feiertag | diumenge/dia laborable/dia festiu |
| heute/morgen/gestern | avui/demà/ahir |
| Stunde/Minute | hora/minut |
| Tag/Nacht/Woche | dia/nit/setmana |
| Monat/Jahr | mes/any |
| Wie viel Uhr ist es? | Quina hora és? |
| Es ist drei Uhr. | Són les tres. |

## UNTERWEGS

| | |
|---|---|
| offen/geschlossen | obert/tancat |
| Eingang/Einfahrt | entrada |
| Ausgang/Ausfahrt | sortida |
| Abfahrt/Abflug/Ankunft | sortida/sortida d'avió/arribada |
| Toiletten/Damen/Herren | Lavabos/Dones/Homes |
| (kein) Trinkwasser | aigua (no) potable |
| Wo ist ...?/Wo sind ...? | On està ...?/On estan ...? |
| links/rechts | a l'esquerra/a la dreta |
| geradeaus/zurück | tot recte/enrere |
| Bus/Straßenbahn | bus/tramvia |
| U-Bahn/Taxi | metro/taxi |
| Haltestelle/Taxistand | parada/parada de taxis |
| Parkplatz/Parkhaus | aparcament/garatge |
| Stadtplan/(Land-)Karte | pla de la ciutat/mapa |
| Bahnhof/Hafen | estació/port |
| Flughafen | aeroport |
| Fahrplan/Fahrschein/Zuschlag | horario/bitllet/suplement |
| einfach/hin und zurück | bitllet senzill/bitllet d'anada i tornada |
| Zug/Gleis/Bahnsteig | tren/via/andana |
| Ich möchte ... mieten. | Voldria llogar ... |
| ein Auto/ein Fahrrad | un cotxe/una bicicleta |
| Tankstelle/Benzin/Diesel | gasolinera/gasolina/gasoil |
| Panne/Werkstatt | avaria/taller |

## ESSEN & TRINKEN

| | |
|---|---|
| Reservieren Sie uns bitte für heute Abend einen Tisch für vier Personen. | Voldriem reservar una taula per a quatre persones per avui al vespre. |

| | |
|---|---|
| auf der Terrasse/am Fenster | a la terrassa/al costat de la finestra |
| Könnte ich bitte ... haben? | Podria portar-me ...? |
| Flasche/Karaffe/Glas | ampolla/garrafa/got |
| Messer/Gabel/Löffel | ganivet/forquilla/cullera |
| Salz/Pfeffer/Zucker | sal/pebrot/sucre |
| Essig/Öl | vinagre/oli |
| Milch/Sahne/Zitrone | llet/crema de llet/llimona |
| kalt/versalzen/nicht gar | fred/salat/cru |
| mit/ohne Eis/Kohlensäure | amb/sense gel/gas |
| Ich möchte zahlen, bitte. | El compte, sisplau. |
| Rechnung/Quittung/Trinkgeld | compte/rebut/propina |

## EINKAUFEN

| | |
|---|---|
| Wo finde ich ...? | On hi ha ...? |
| Ich möchte .../Ich suche ... | Voldria .../Estic buscant ... |
| Apotheke/Drogerie | farmacia/drogueria |
| Bäckerei/Markt | forn/mercat |
| Einkaufszentrum/Kaufhaus | centre comercial/gran magatzem |
| Lebensmittelgeschäft/Supermarkt | botiga de queviures/supermercat |
| Fotoartikel/Fotoladen | articles/botiga de fotografia |
| 100 Gramm/1 Kilo | cent grams/un quilo |
| teuer/billig/Preis | car/barat/preu |
| mehr/weniger | més/menys |
| aus biologischem Anbau | de cultiu ecológic |

## ÜBERNACHTEN

| | |
|---|---|
| Ich habe ein Zimmer reserviert. | He reservat una habitació. |
| Haben Sie noch ...? | Encara té ...? |
| Einzelzimmer/Doppelzimmer | una habitació individual/doble |
| Frühstück/nach vorne/zum Meer | esmorzar/exterior/amb vistes al mar |
| Dusche/Bad/Balkon | dutxa/bany/balcó |
| Schlüssel/Zimmerkarte | clau/targeta de l'habitació |
| Gepäck/Koffer/Tasche | equipatge/maleta/bossa |

## BANKEN & GELD

| | |
|---|---|
| Bank/Geldautomat/Geheimzahl | banc/caixer automàtic/codi secret |
| bar/Kreditkarte | al comptat/amb targeta de crèdit |
| Banknote/Münze | bitllet/moneda |

## GESUNDHEIT

| | |
|---|---|
| Arzt/Zahnarzt/Kinderarzt | metge/dentista/pediatre |
| Krankenhaus/Notfallpraxis | hospital/urgència |

| | |
|---|---|
| Fieber/Schmerzen | febre/dolor |
| Durchfall/Übelkeit/Sonnenbrand | diarrea/nàusees/cremada pel sol |
| Pflaster/Verband/Salbe/Creme | tireta/embenat/pomada/crema |
| Schmerzmittel/Tablette/Zäpfchen | analgèsic/pastilla/supositori |

## TELEKOMMUNIKATION & MEDIEN

| | |
|---|---|
| Briefmarke/Brief/Postkarte | segell/carta/postal |
| Ich brauche eine Telefonkarte. | Necessito una targeta telefònica. |
| Ich suche eine Prepaidkarte für mein Handy. | Estic buscant una targeta de prepagament pel mòbil. |
| Wo finde ich einen Internetzugang? | On em puc connectar a Internet? |
| Brauche ich eine spezielle Vorwahl? | He de marcar algun prefix determinat? |
| Steckdose/Adapter/Ladegerät | endoll/adaptador/carregador |
| Computer/Batterie/Akku | ordinador/bateria/acumulador |
| At-Zeichen („Klammeraffe") | arrova |
| E-Mail-Adresse | adreça de correu electrònic |
| Internetanschluss/WLAN | connexió a internet/WLAN |
| E-Mail/Datei/ausdrucken | correu electrònic/fitxer/imprimir |

## FREIZEIT, SPORT & STRAND

| | |
|---|---|
| Strand | platja |
| Sonnenschirm/Liegestuhl | para-sol/gandula |
| Seilbahn/Sessellift | funicular/telecadira |

## ZAHLEN

| | | | |
|---|---|---|---|
| 0 | zero | 18 | divuit |
| 1 | un/una | 19 | dinou |
| 2 | dos/dues | 20 | vint |
| 3 | tres | 30 | trenta |
| 4 | quatre | 40 | quaranta |
| 5 | cinc | 50 | cinquanta |
| 6 | sis | 60 | seixanta |
| 7 | set | 70 | setanta |
| 8 | vuit | 80 | vuitanta |
| 9 | nou | 90 | noranta |
| 10 | deu | 100 | cent |
| 11 | onze | 200 | dos-cents/dues-centes |
| 12 | dotze | 1000 | mil |
| 13 | tretze | 2000 | dos mil |
| 14 | catorze | 10000 | deu mil |
| 15 | quinze | | |
| 16 | setze | ½ | mig |
| 17 | disset | ¼ | un quart |

# REISEATLAS

Verlauf der Erlebnistour „Perfekt im Überblick"
Verlauf der Erlebnistouren

Der Gesamtverlauf aller Touren ist auch in der herausnehmbaren Faltkarte eingetragen

 Bild: Felsküste bei L'Escala

# Unterwegs an der Costa Brava

Die Seiteneinteilung für den Reiseatlas finden Sie auf dem hinteren Umschlag dieses Reiseführers

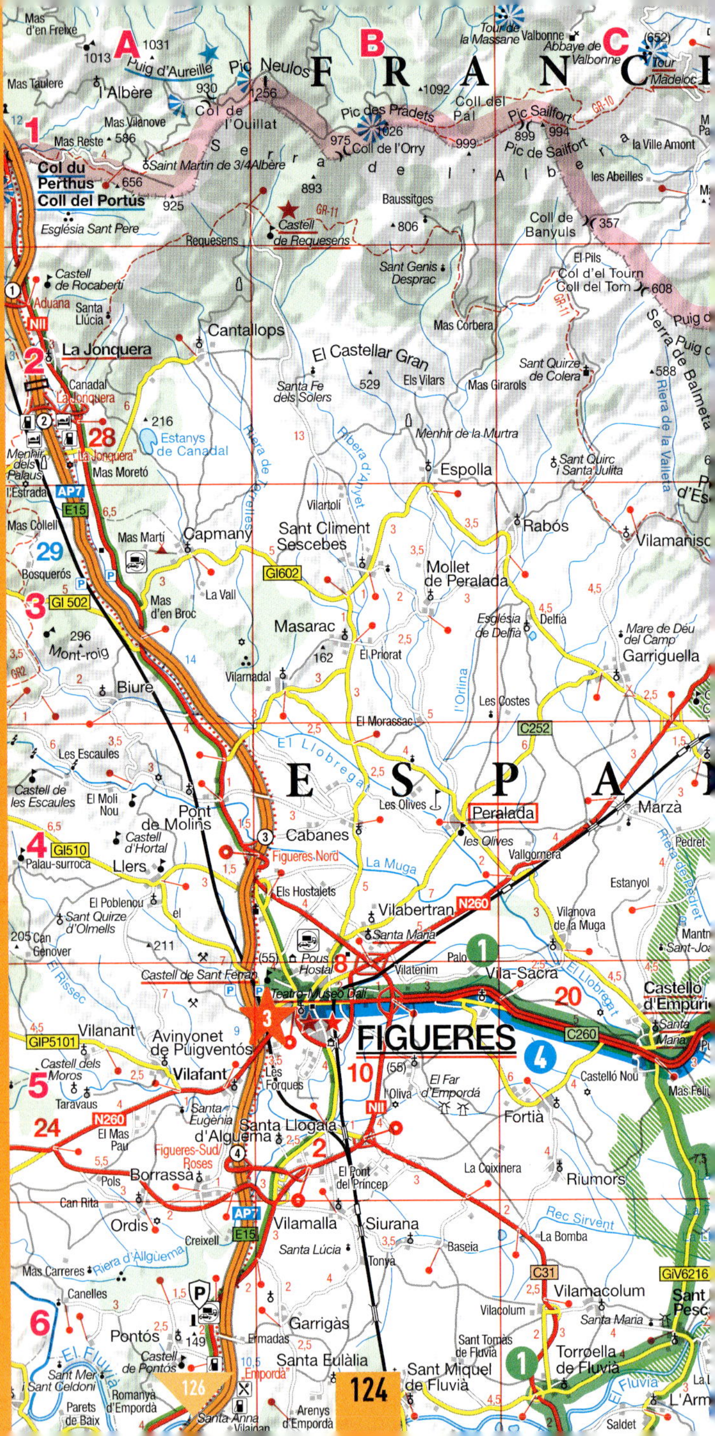

FRANCE
ESPAÑA
Mas d'en Freixe
Puig d'Aureille
Pic Neulos
Tour de la Massane
Valbonne
Abbaye de Valbonne
Tour Madeloc
Mas Taulere
l'Albère
Col de l'Ouillat
Pic des Pradets
Coll del Pal
Pic Sailfort
Pic de Sailfort
Mas Vilanove
Mas Reste
Coll de l'Orry
la Ville Amont
Serra de l'Albera
Saint Martin de 3/4 Albère
les Abeilles
Col du Perthus
Coll del Portús
Baussitges
Església Sant Pere
Castell de Requesens
Requesens
Coll de Banyuls
Sant Genís Desprac
El Pils
Col d'el Tourn
Coll del Torn
Castell de Rocaberti
Aduana
Santa Llúcia
Cantallops
Mas Corbera
La Jonquera
El Castellar Gran
Canadal
Santa Fe dels Solers
Els Vilars
Mas Girarols
Sant Quirze de Colera
Serra de Balmeta
Estanys de Canadal
Riera de Torrelles
Ribera d'Anyet
Menhir de la Murtra
Riera de la Valleta
Menhir dels Palaus
Mas Moretó
Espolla
Sant Quirc i Santa Julita
l'Estrada
Vilartolí
Mas Collell
Mas Martí
Capmany
Sant Climent Sescebes
Rabós
Vilamaniscle
Bosquerós
Mollet de Peralada
GI602
GI 502
Mas d'en Broc
La Vall
Masarac
Església de Delfià
Delfià
Mare de Déu del Camp
Garriguella
Mont-roig
El Priorat
Vilarnadal
Biure
l'Orlina
Les Costes
El Morassac
C252
Les Escaules
El Llobregat
Castell de les Escaules
El Molí Nou
Pont de Molins
Les Olives
Peralada
Marzà
Cabanes
les Olives
Vallgornera
Pedret
GI510
Palau-surroca
Castell d'Hortal
Llers
Figueres Nord
La Muga
Estanyol
Riera de Pedret
El Poblenou
Els Hostalets
Vilabertran
N260
Vilanova de la Muga
Sant Quirze d'Olmells
Santa Maria
Can Genover
Pous Hostal
Palol
Vilatenim
Vila-Sacra
El Rissec
Castell de Sant Ferran
Teatro-Museo Dalí
Castelló d'Empúries
Vilanant
Avinyonet de Puigventós
FIGUERES
C260
GIP5101
Castell dels Moros
Vilafant
Les Forques
El Far d'Empordà
Castelló Nou
Taravaus
l'Oliva
Mas Felíu
Fortià
Santa Eugènia
Santa Llogaia d'Àlguema
El Mas Pau
Figueres-Sud/Roses
Borrassà
La Coixinera
Riumors
Pols
El Pont del Príncep
Can Rita
AP7
E15
Ordis
Vilamalla
Siurana
Rec Sirvent
La Bomba
Creixell
Santa Lúcia
Baseia
Tonyà
Mas Carreres
Riera d'Àlguema
C31
GiV6216
Vilamacolum
Canelles
Vilacolum
Garrigàs
Santa Maria
Sant Pescador
Pontós
Ermadas
Sant Tomàs de Fluvià
Torroella de Fluvià
Castell de Pontós
Santa Eulàlia
Sant Miquel de Fluvià
Sant Mer
Sant Celdoni
Romanyà d'Empordà
Empordà
El Fluvià
L'Armentera
Parets de Baix
Santa Anna
Vilaidan
Arenys d'Empordà
Saldet

126

D
E
F
1
2
3
4
5
6
Cap Oullestrell
Cap Castell
Banyuls-sur-Mer
Cap l'Abeille
la Rhatorie
Réserve Naturelle Marine
Côte Vermeille
Puig d'el Mas
Col de Séris
Cap Rederis
Cap Peyrefite
D914
Anse de Terrambou
Cerbère
Mas de Mingou
Cap Cerbère
Coll des Balistres
Coll dels Belitres
Cala de las Ratas
Portbou
Cap Marcer
N260
MAR MEDITERRÀNIA
Colera
Port de Colera
de Molinàs
Cap Llardó
67
Garbet
Badia de Cap Ras
Grifeu
Cap Res
Hostal Grifeu
Badia Llançà
Isla Castella
El Port de Llançà
Setcases
Llançà
La Valleta
Punta s'Arenella
Cap Gros
El Golfet
Punta dels Farallons
La Vall de Santa Creu
El Port de la Selva
la Galera
Puig de Cala Sardina
Illa de Portaló
Dolmen del Mas de la Mata
Sant Pere de Rodes
Sant Baldiri
Illa de Cullaró
S'Encalladora
La Selva de Mar
Castell de Sant Salvador
Parc Natural del Cabo de Creus
Cap de Creus
Pau
El Mas Isaac
Ermita de Sant Onofre
Serra de Rodes
Puig Alt Gran
Cala Bona
Punta d'en Codera
Castell de Bufalaranya
Perafita
Portlligat
Cala Portlligat
El Mas Fumats
Illa de Portlligat
El Mas Boscà
Cadaqués
Punta de s'Oliquera
El Pení
S'Arenella
Agua brava
El Mas Mates
Badia de Cadaqués
La Garriga
Santa Maria
El Mas Oliva
Sant Sebastià
La Citadella
Roses
Gruta
Santa Margarida
Platja Sta Margarida
Cala Nans
Mas Chalet
Puig Rom
Montjoi
Punta de sa Figuera
Castell de la Poncella
Torre de los Sastres
Cala Jóncols
Far de Roses
Parc Natural
Badia de Roses
Cala Montjoi
Cap de Norfeu
Cala Murtra
Cavall Bernat
Empuriabrava
Platja de Canyelles Petites
Platja de Canyelles Grosses
Cap Trencat
Punta Falconera
Platja de Can Comes
Aiguamolls de l'Empordà
Golf de Roses
Platja de Sant Pere Pescador
4 km
2.49 mi
127

A
B
C
124
128
Crespià
Esponella
Martis
Vilert
Les Anglades
Orfes
Espinavessa
Pontós
Castell de Pontós
Romanyà d'Empordà
Sant Mer i Sant Celdoni
Parets de Baix
Santa Anna
Ermadas
"Empordà"
Santa Eulàlia
Arenys d'Empordà
Vilajoan
Centenys
Ermita de Sant Miquel
Melianta
La farrès
Viladami
Ollers
San Roque
Mare de Déu de la Font
Fontcoberta
Vilavenut
Bàscara
Sant Valdiri
Galliners
Calabuig
Les Roques
Vilair
Mas Besalú
Viademuls
Hostal de Sech
Banyoles
Sant Marçal de Quarantella
Hostal de Dalt
Orriols
L'Escala Empúries
Saus
Camallera
Llampaies
Santa Catalina
Mas Reixac
Vilamarí
Terradelles
Sant Esteve de Guialbes
Can Rajoler
El Mas Nicolau
La Móra
Borgonyà
Pujals dels Pagesos
Pujals dels Cavallers
Cornellà del Terri
Corts
Cruanyes
Les Olives
Can Fava
Fellines
Viladasens
Vilopriu
Gaüses
Sords
Vilafreser
Riera de la Farga
Riera de Cinyana
Diana
Sant Jordi Desvalls
Santa Maria de Camós
El Pujol
Sant Llogaia del Terri
Can Pedrers
Palol de Revardit
El Revardit
Ravós del Terri
Sant Andreu del Terri
Santa Maria del Cervià
Cervià de Ter
Sobrànigues
Sant Llorenç de les Arenes
Riudellots de la Creu
La Beguda
Castell de Montagut
Medinyà
Flaçà
Sant Joan de Mollet
Sant Fermí
Sant Martí de la Mota
La República
El Ter
Bordils
Ferreres
Foixià
Montagut
Sant Medir
Cartellà
La Gariga
Sant Julià de Ramis
Palagref
Celrà
Riera de Sant Martí
Riuràs
La Pera
Girona Nord/Palamós
Sarrià de Ter
Puig de Sant Miquel
Juià
Sant Martí Vell
Can Boada
Pedrinyà
Púbol
Caça de Pelras
Campdorà
El Pont Major
Taialà
Germans Sàbat
Castell de Montjuïc
Sant Daniel
Bevià
Madremanya
Vilers
Millars
Mare de Dèu dels Angels
Puig Alt
Plaça de Toros
Sant Pere de Galligants
Santa Eugènia de Ter
Salt
Catedral
GIRONA
El Rissec
Palau-Sacosta
Montigalar Gros
Vinyoles
Sant Sadurní de l'Heura
Montnegre
Banyeres
Vilablareix
Girona Sur
El Perelló
L'Onyar
Palol d'Onyal
Castellar de la Selva
Sant Mateu de Montnegre
El Mas Aliu
la Selva
Quart
Fornells de la Selva
Erols
Llambilles
Puig d'en Carreres
Can Vilademark
El Daró
Mas Conill
La Barcelonetta
Sant Cristòfol del Bosc
Can Xupí
Sant Cebria de Lledó
Can Font de Munt
"Gironès"
Can Jordi
Raset
Can Seguer
Aeroport Cassà
Riodellots de la Selva
La Bruggera
Can Garneu
Campllong
Cassà de la Selva
Puig d'Arques
Francias
Sant Andreu Salou
Mosqueroles
El Mas Cubell
Can Llac
Can Tiona
Riera de Benaula
Sennyà
Mas Bassets
Puig Aldric
Dolmen de la Cova d'en
Can Solà Gros
Mas Revelli
Riera de Verne
Esclet
Can Capçana
Sant Miguel d'Aro
AP7
E15
NII
C66
C65
GI554
GIP5121
GI513
GI622
GI623
GI633
GI664
A2

D
E
F
125
Golf de Roses
4 km
2.49 mi
Costa Brava
1
2
3
4
5
6
Sant Pere Pescador
Mas Sopes
Torroella de Fluvià
L'Armentera
La Llona
Saldet
Valveralla
Ventalló
Montiró
Pelacalç
26
Platja de les Dunes
Riu Vell
8
Sant Martí d'Empúries
Ruines d'Empúries
Museu Necropolis
Cinclaus
Viladamat
Palauborrel
GI623
C31
L'Escala
(23)
Cala Riells
Les Corts
Punta del Bol Roig
Torre de Montgó
105
Cala de Montgó
Serra del Valdavia
176
Sant Grau d'Albons
La Creu d'Albons
Riells
Garrigoles
Olives
Tor
Maranyà
Església
Rec del Moli
146
Cap del Castell
Gruta de la Foradada
La Tallada d'Empordà
Bellcaire d'Empordà
Castell
Sobrestany
Cap d'Oltrera
GI634
Verges
Mas Duran
Montgrí
GR-92
La Torre Vella
Santa Caterina
GI632
308
Castell de Montgrí
La Torre Gran
L'Estartit
las Coves
Cap de la Barra
Canet de la Tallada
Ullà
10
GI641
El Ter Vell
Els Griells
Illes Medes
Ultramort
Sant Iscle d'Empordà
Palau del Robert
Torroella de Montgrí
(32)
GI643
82
Parlavà
Serra de Daró
Gualta
El Ter
Fonolleres
El Daró
C31
Cala del Ter
Llabià
92
Cal Bonic
Matabou
Matajudaica
Ciutat iberica d'Ullastret
Museu
Fontanilles
Mas Pla
El Mas Pinell
Casavells
Mas Gelabert
Basses d'en Coll
Ullastret
Riera Nova
Fontclara
Platja de Pals
El Daró
Castell d'Emporadà
Castell d'Empordà
Palau-sator
Sant Julià de Boada
Ermita de Sant Fructuoso
Els Masos de Pals
Palsmar
Peratallada
Torre de les Hores
Sa Punta
Cala sa Riera
La Bisbal d'Empordà
Canapost
7
Sant Feliu de Boada
El Mas Tomasi
Cap des Forn
Hot. Cap sa Sal
Catalonia
Cap sa Sal
Cala Aiguafreda
Palau Episcopal
Can Florenci
Pals
Torre de Talaia
Sa Tuna
Cala sa Tuna
6
Vulpellac
Torrent
224
Regencós
Begur
Semàforo
Cap de Begur
322
Santa Susanna de Peralta
Fonteta
El Convent
Torrent
C66
Riera de Saltses
Sant Climent de Peralta
Cala Fornells
Fornells de Mar
GR-92
La Barceloneta
Esclanyà
Cova d'en Gispert
Aiguablava
Parador de Aiguablava
Riera de Vilar
Llofriu
Sant Pol
Palafrugell
(87)
Cova del Bisbe
Can Rauric
Puig Gros
305
Morena
Sant Martí
Aigua-xellida
Tamariu
Cala de Tamariu
Dolmen del Llobinar
Santa Llúcia
Gavarres
GI660
Santa Coloma de Fitor
Mont-ras
Sorrell
Ermita de Sant Sebastià
Coll de la Ganga
C31
Llafranc
Cap de Sant Sebastià
Ermedàs
Puig Cargol
362
El Mas Flaquet
Sant Cebrià dels Alls
Montfina
Calella de Palafrugell
Mas Blanquet
Jardines Cap Roig
Vall-llobrega
Sant Nazari
Riufred
Calonge
(37)
Sant Joan de Palamós
127
Mas Junt
La Fosca
Platja del Castell
129
Illes Formigues
Cabanyes

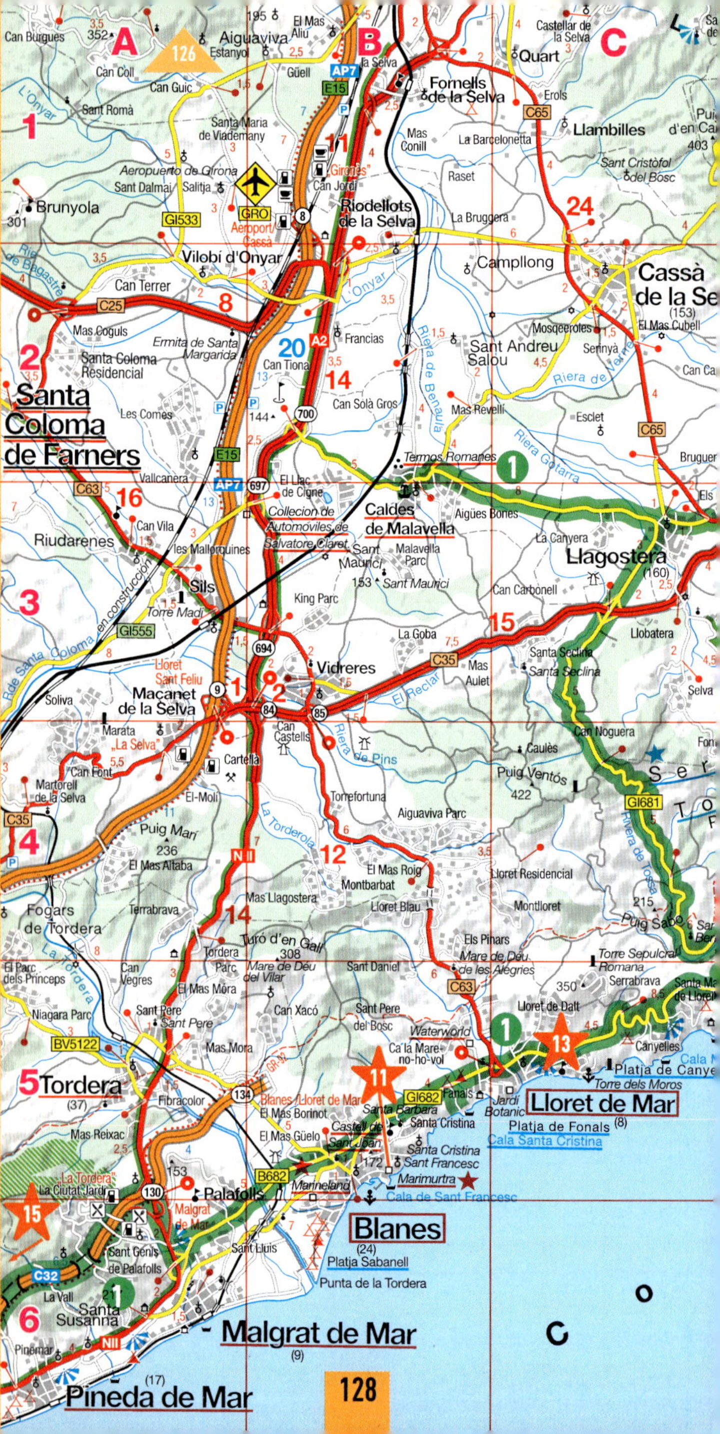
A
B
C
126
1
2
3
4
5
6
Can Burgues
Aiguaviva
Estanyol
El Mas Aliu
Güell
la Selva
Fornells de la Selva
Castellar de la Selva
Quart
Erols
Llambilles
Puig d'en Ca
Can Coll
Can Guic
Sant Romà
Santa Maria de Viademany
L'Onyar
Mas Conill
La Barcelonetta
Aeropuerto de Girona
Sant Dalmai
Salitja
Can Jordi
"Girona"
Raset
Sant Cristòfol del Bosc
Brunyola
301
GRO
Aeroport/ Cassà
Riodellots de la Selva
La Bruggera
24
GI533
Vilobí d'Onyar
Camplong
Cassà de la Se
(153)
Riera de Bagastre
Can Terrer
C25
8
Mas Coguls
Ermita de Santa Margarida
Francias
Mosqueroles
El Mas Cubell
Sant Andreu Salou
Serinyà
Santa Coloma Residencial
20
Can Tiona
14
Riera de Benaula
Riera de Verne
Can Ca
Santa Coloma de Farners
Les Comes
Can Solà Gros
Mas Revelli
Esclet
144
700
C65
E15
AP7
Termos Romanes
Riera Gotarra
Bruguer
Vallcanera
C63
16
697
El Llac de Cigne
Collecion de Automoviles de Salvatore Claret
Caldes de Malavella
Aigües Bones
Els
Can Vila
Riudarenes
les Mallorquines
Sant Maurici
Malavella Parc
153
La Canyera
Llagostera
(160)
Sils
Torre Madi
King Parc
Can Carbonell
Rde Santa Coloma en construcción
GI555
15
Llobatera
La Goba
694
Lloret Sant Feliu
Vidreres
C35
Mas Aulet
Santa Seclina
Selva
Soliva
Maçanet de la Selva
El Reclar
Marata
"La Selva"
Can Castells
Riera de Pins
Can Noguera
Caulès
Can Font
Cartellà
Puig Ventós
422
Martorell de la Selva
El-Molí
Torrefortuna
La Torderola
Aiguaviva Parc
GI681
Puig Marí
236
12
El Mas Altaba
N II
El Mas Roig
Montbarbat
Lloret Residencial
Fogars de Tordera
Terrabrava
Mas Llagostera
Lloret Blau
Montlloret
Riera de Tossa
215
Puig Sabo
La Tordera
Turó d'en Gall
308
Els Pihars
Mare de Déu de les Alegries
Torre Sepulcral Romana
El Parc dels Princeps
Can Vegres
Tordera Parc
Mare de Déu del Vilar
Sant Daniel
El Mas Mora
Serrabrava
350
Santa Ma de Llorell
Niagara Parc
Sant Pere
Can Xacó
Sant Pere del Bosc
C63
Lloret de Dalt
BV5122
Mas Mora
Waterworld
13
Canyelles
Ca la Mare-no-ho-vol
Platja de Canye
Tordera
(37)
134
Fibracolor
Blanes-Lloret de Mar
El Mas Borinot
GI682
Fanals
Torre dels Moros
Jardí Botànic
Lloret de Mar
(8)
Santa Bàrbara
Santa Cristina
Platja de Fonals
Cala Santa Cristina
Mas Reixac
El Mas Güelo
Castell de Sant Joan
Sant Francesc
153
"La Tordera"
La Ciutat Jardí
130
Palafolls
B682
Marineland
Marimurtra
Cala de Sant Francesc
Malgrat de Mar
Blanes
(24)
Sant Genís de Palafolls
Sant Lluís
Platja Sabanell
Punta de la Tordera
C32
La Vall
Santa Susanna
Malgrat de Mar
(9)
Pinemar
Pineda de Mar
(17)

D
E
F
127
Palafrugell
Calonge
Palamós
Vall-llobrega
Castell d'Aro
Platja d'Aro
SANT FELIU DE GUIXOLS
Tossa de Mar
Sta. Cristina d'Aro
Romanyà de la Selva
Santa Maria de Solius
Sant Antoni de Calonge
S'Agaro
Platja Sant Pol
Punta Prima
Cala de sa Conca
Punta del Romeguer
Platja de Canyet
Cala de Salionç
Cap Pentiner
Cala de Giverola
Cala Pola
Cala Bona
Vila Vella
Cap de Tossa
Coll de la Ganga
Puig d'Arques
Mont-ras
Sant Nazari
Sant Joan de Palamos
La Fosca
Cap Gros
Santa Maria
Torre Valentina
Platja de Roig
El Mas Vila
Hotel Sant Jordi
Sant Josep
Bufaganyes
Sant Amanç
Sant Telm
Sant Elm
Punta Brava
Estufador de Garbí
Sant Grau
Canyet
Salionç
Sant Baldiri
Menhir del Terma Gros
Puig de Cols
Montclar
Pedralta
Mas Trempat
El Vilar
Solius
Can Tallades
Penedes
Bell-lloc
Sant Ampèlit
El Ridaura
la Roca de Malvet
Les Teules
El MasNou
Aquadiver
La Grota
El Romeu
Cabanyes
El Mas Ros
Riufred
Mas Blanquet
Puig Cargol
El Mas Flaquet
Santa Coloma de Fitor
Dolmen del Llobinar
Puig Gros
Lloftiu
La Barceloneta
Sant Climent de Peralta
Fonteta
El Convent
Sant Miquel
Banyeres
Can Vilademark
Can Font de Muntanya
Sant Pol
Can Rauric
Riera de Vilar
Santa Llúcia
Sant Cebria de Lledó
Can Xupí
Can Seguer
Can Garneu
Sant Cebrià dels Alls
Can Llac
Mas Bassets
Puig Aldric
Dolmen de la Cova d'en Daina
Torrent d'en Simone
Sant Miquel d'Aro
Gavarres
Costa Brava
MAR MEDITERRÀNIA
4 km
2.49 mi

Girona
Gerona
100 m
109 yd
N
Parc Municipal de la Devesa
Passeig de la Devesa
Carrer del Riu Güell
Carrer Figuerola
Carrer Bonastruc de Porta
Jaume 1 er
Passeig Canalejas
Riu Onyar
Pl. S. Feliu
Sant Feliu
Banys Arabs
Plaça St.Pere
Sant Nicolau
Sant Pere de Galligants
Plaça Jurats
Galligants
Casa Pastors
Catedral
Museu d'Història
Museu d'Art
Plaça Inde- pendècia
C. Anselm Clave
Pl. Jordi de St. Jordi
C. Hortes
C. Ballesteries
C. de la Força
C. Alemanys
Plaça St. Domenèc
Sant Domenèc Universitat
Passeig fora Muralla
Carrer Obra
C. Cristòfol Grober
Museu del Cinema
Carrer Santa Clara
Plaça Josep Pla
Rbla. de la Llibertat
Palau Agullana
Plaça Marques de Camps
Gran via de Jaume 1 er
Avd. Sant Francesc
Carrer Nou
Carrer Ciutadans
Pl. St. Josep
Sant Josep
Nou
Pont de Pedra
Ajun- tament
C. Sant Josep
Portal
Plaça Hospital
Plaça Cata- lunya
C. Albareda
Teatre Municipal
Plaça Pompeu Fabra
Carrer
Centre Cultural la Mercè
Passeig fora Muralla
Ronda S. Antoni
Pl. Sibil-la de Fortià
Maragall
P. G.al Mendoza
Plaça G.al Marvà
Jardines de la Muralla
Carrer de Joan
Carrer Bisbe Lorenzana
Mercat
P. Sant Francesc
Carrer Carme
Carrer del Sol
C. Ultónia

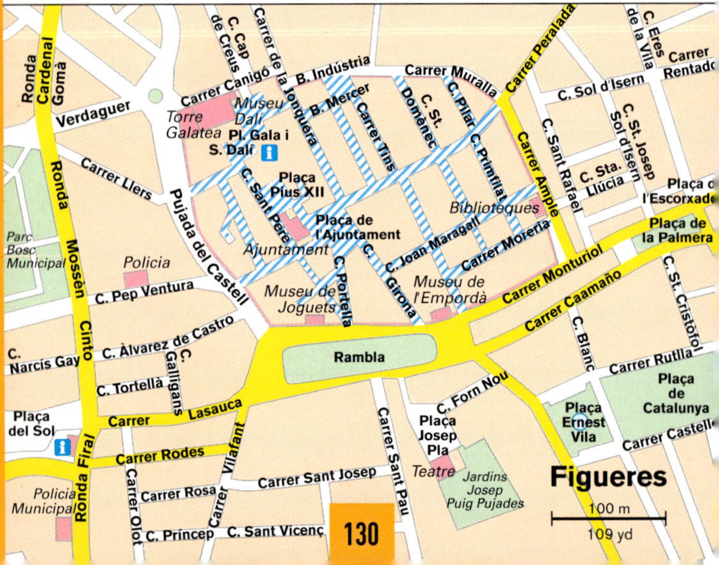
Figueres
100 m
109 yd
Ronda Cardenal Gomà
Verdaguer
C. Cap de Creus
Carrer Canigó
Carrer de la Jonquera
B. Indústria
B. Mercer
Carrer Muralla
Carrer Peralada
C. Eres de la Vila
Carrer Rentador
C. Sol d'Isern
Torre Galatea
Museu Dalí
Pl. Gala i S. Dalí
Carrer Tins
C. St. Domènec
C. Pilar
C. Primfilat
Carrer Ample
C. Sant Rafael
C. St. Josep Sol d'Isern
C. Sta. Llúcia
Plaça de l'Escorxador
Carrer Llers
Ronda Mossèn Cinto
Plaça Pius XII
C. Sant Pere
Pujada del Castell
Plaça de l'Ajuntament
Biblioteques
Plaça de la Palmera
Parc Bosc Municipal
Policia
Ajuntament
C. Joan Maragall
Carrer Moreria
Carrer Monturiol
C. St. Cristòfol
C. Pep Ventura
Museu de Joguets
C. Portella
C. Girona
Museu de l'Empordà
Carrer Caamaño
C. Narcís Gay
C. Àlvarez de Castro
C. Galligans
Rambla
C. Blanc
Carrer Rutlla
C. Tortellà
C. Forn Nou
Plaça de Catalunya
Plaça del Sol
Carrer Lasauca
Carrer Sant Pau
Plaça Josep Pla
Plaça Ernest Vila
Carrer Castell
Carrer Rodes
Carrer Vilafant
Carrer Sant Josep
Teatre
Jardins Josep Puig Pujades
Ronda Firal
Policia Municipal
Carrer Olot
Carrer Rosa
C. Princep
C. Sant Vicenç

Tossa de Mar
200 m
218 yd
N
Josep Palau
Avinguda Joan Maragall
Mercat Setmanal
Lope Mateo
Victor Catalá
Pinacoteca Municipal
Plaça de la Concòrdia
Senyora de Montserrat
Pintor Ramon Reig
Severo Ochoa
Mar Menuda
Platja de la Mar Menuda
Enric Claudi Girbal
Av. Sant Ramón de Penyafort
Platja del Reig
Barcelona
Enric Granados
Avinguda de la Palma
Rambla Pau Casals
Avinguda de Catalunya
Ferran Agulló
Avinguda
Doctor Fleming
Avinguda Puerto Rico
Torrent Viver
Avinguda Costa Brava
Mar Mediterrània
Pola
Pola
Nou
Pou de la Vila
Passeig del Mar
Platja Gran
Plaça de les Nacions sense Estat
Terminal Bus
Giverola
Miramar
Bernats
Capella del Socors
Cementiri
La Guàrdia
Portal Socors
Vila Vella
Tarull
Església de Sant Vicenç
Mirador del Codolar
s'Aloc
Far
Cap de Tossa
Vila Vella
50 m
55 yd
del Tint
Comte Miró
Plaça d'Armes
Escaletes
Portal
Museu municipal
del Gòtic
Camí del Far
Plaça Roig Soler

Cementiri
Ronda de Narcís Massanas
C. del Bruc
Pavelló municipal d'esports
Policia
Pl. de Pecher
C. del Mall
Carretera de Girona
C. Nou del Garrofer
C. de Sta. Magdalena
Rambla de la Generalitat
Carretera de Tossa
C. de la Concepció
C. de la Mercè
Capmany
Carrer del Sol
C. dels Metges
Carrer de Girona
C. de les Eres
Parc de les Eres
C. d'Enric Heriz
C. de la Vega
C. Goya
C. Monticalvari
Teatre
C. del Callao
Pl. de St. Joan
C. de l'Hospital
Museo de la Joguina
Carrer de Santa Teresa
Museu
C. Estret
Rbla. A. Vidal
C. de la Rutlla
C. de Joan Maragall
C. Monestir
Pl. del Mercat
C. Clavé
C. Major
C. d'Ortiz
Gravina
Ajuntament
Casa Patxot
C. de St. Ramon
Casino dels Nois
Centre cívic i cultural
Policia
Carrer de Sant Elm
Passeig del Mar
Pl. de St. Pere
C. del Ralg
Platja de Sant Feliu
Pg. dels Guíxols
Carretera de Palamós
C. de Vista Alegre
Av. de Sant Elm
Pg. de Rius i Calvet
Jardins Juli Garreta
Carrer del Comerç
Carrer
C. de Colon
s'Adolitx
Sang-i-fetge
Santa Rosària
Club Nàutic
Ermita de Sant Elm
Badia de Sant Feliu
Cala dels Frares
El Fortim
Carrer de
Passeig Marítim
C. Guardiola
C. del Sud
Les Planetes
Carrer de Port Salvi
C. del Garbí
Cala dels Penjats
Sant Feliu de Guíxols
Carrer de Sicília
Cala Jonques
N
200 m
218 yd
Cala de Port Salvi
el Freu
Punta de Garbí
Cala del Molí

| | | |
|---|---|---|
| Autobahn · Gebührenpflichtige Anschlussstelle · Gebührenstelle · Anschlussstelle mit Nummer · Rasthaus mit Übernachtung · Raststätte · Kleinraststätte · Tankstelle · Parkplatz mit und ohne WC | Trento 11 | Motorway · Toll junction · Toll station · Junction with number · Motel · Restaurant · Snackbar · Filling-station · Parking place with and without WC |
| Autobahn in Bau und geplant mit Datum der voraussichtlichen Verkehrsübergabe | Datum Date | Motorway under construction and projected with expected date of opening |
| Zweibahnige Straße (4-spurig) | | Dual carriageway (4 lanes) |
| Fernverkehrsstraße · Straßennummern | 14 E45 | Trunk road · Road numbers |
| Wichtige Hauptstraße | | Important main road |
| Hauptstraße · Tunnel · Brücke | | Main road · Tunnel · Bridge |
| Nebenstraßen | | Minor roads |
| Fahrweg · Fußweg | | Track · Footpath |
| Wanderweg (Auswahl) | | Tourist footpath (selection) |
| Eisenbahn mit Fernverkehr | | Main line railway |
| Zahnradbahn, Standseilbahn | | Rack-railway, funicular |
| Kabinenschwebebahn · Sessellift | | Aerial cableway · Chair-lift |
| Autofähre · Personenfähre | | Car ferry · Passenger ferry |
| Schifffahrtslinie | | Shipping route |
| Naturschutzgebiet · Sperrgebiet | | Nature reserve · Prohibited area |
| Nationalpark · Naturpark · Wald | | National park · natural park · Forest |
| Straße für Kfz. gesperrt | | Road closed to motor vehicles |
| Straße mit Gebühr | | Toll road |
| Straße mit Wintersperre | XII-II | Road closed in winter |
| Straße für Wohnanhänger gesperrt bzw. nicht empfehlenswert | | Road closed or not recommended for caravans |
| Touristenstraße · Pass | Weinstraße 1510 | Tourist route · Pass |
| Schöner Ausblick · Rundblick · Landschaftlich bes. schöne Strecke | | Scenic view · Panoramic view · Route with beautiful scenery |
| Heilbad · Schwimmbad | | Spa · Swimming pool |
| Jugendherberge · Campingplatz | | Youth hostel · Camping site |
| Golfplatz · Sprungschanze | | Golf-course · Ski jump |
| Kirche im Ort, freistehend · Kapelle | | Church · Chapel |
| Kloster · Klosterruine | | Monastery · Monastery ruin |
| Synagoge · Moschee | | Synagogue · Mosque |
| Schloss, Burg · Schloss-, Burgruine | | Palace, castle · Ruin |
| Turm · Funk-, Fernsehturm | | Tower · Radio-, TV-tower |
| Leuchtturm · Kraftwerk | | Lighthouse · Power station |
| Wasserfall · Schleuse | | Waterfall · Lock |
| Bauwerk · Marktplatz, Areal | | Important building · Market place, area |
| Ausgrabungs- u. Ruinenstätte · Bergwerk | | Arch. excavation, ruins · Mine |
| Dolmen · Menhir · Nuraghen | | Dolmen · Menhir · Nuraghe |
| Hünen-, Hügelgrab · Soldatenfriedhof | | Cairn · Military cemetery |
| Hotel, Gasthaus, Berghütte · Höhle | | Hotel, inn, refuge · Cave |
| **Kultur** | | **Culture** |
| Malerisches Ortsbild · Ortshöhe | WIEN (171) | Picturesque town · Elevation |
| Eine Reise wert | ★★ MILANO | Worth a journey |
| Lohnt einen Umweg | ★ TEMPLIN | Worth a detour |
| Sehenswert | Andermatt | Worth seeing |
| **Landschaft** | | **Landscape** |
| Eine Reise wert | ★★ Las Cañadas | Worth a journey |
| Lohnt einen Umweg | ★ Texel | Worth a detour |
| Sehenswert | Dikti | Worth seeing |
| **MARCO POLO Erlebnistour 1** | | **MARCO POLO Discovery Tour 1** |
| **MARCO POLO Erlebnistouren** | | **MARCO POLO Discovery Tours** |
| **MARCO POLO Highlight** | 1 | **MARCO POLO Highlight** |

# REGISTER

In diesem Register sind alle in diesem Band erwähnten Orte und Ausflugsziele, Strände (Platja) und Buchten (Cala) sowie wichtige Begriffe und Personen verzeichnet. Gefettete Seitenzahlen verweisen auf den Haupteintrag.